Gesunde Küche für 1 Person

Marlis Weber

Gesunde Küche für 1 Person

Hädecke

Mengen – Masse – Gewichte

In angelsächsischen Ländern kann man problemloser abmessen als bei uns. Dort gibt es bestimmte Tassen und Löffel, die in jedem Haus vorhanden und auch immer von gleicher Größe sind. Nachfolgende Angaben können nur als Mittelwerte angesehen werden, da Löffel, Tassen, Teller und Gläser nicht genormt sind.

1 Eßlöffel Honig	ca.	10 g
1 Eßlöffel geriebener Käse	ca.	20 g
1 Eßlöffel saure Sahne	ca.	15 g
1 Eßlöffel süße Sahne	ca.	10 g
1 Eßlöffel Quark	ca.	20 g
1 Eßlöffel Fruchtkonzentrat	ca.	10 g
1 Eßlöffel Pflanzenöl	ca.	10 g
1 Teelöffel Margarine	ca.	20 g
1 Eßlöffel Weizenvollkornmehl	ca.	20 g

1 Ei	ca.	60 g
1 Eiweiß	ca.	35 g
1 Eigelb	ca.	25 g
1 Scheibe Brot	ca.	35 g
1 kleine Kartoffel	ca.	60 g
1 Tomate	ca.	80 g
1 mittelgroße Möhre	ca.	50 g
1 mittelgroßer Apfel	ca.	100 g
1 Becher saure Sahne		150 g
1 Becher Sanoghurt		150 g
1 Becher Quark		250 g
1/2 Ecke Camembert		62,5 g

1 mittelgroßes Glas faßt etwa 200 ml Flüssigkeit.
1 normale Tasse faßt etwa 150 ml Flüssigkeit.
und ca. 100 g Mehl, 150 g Reis oder anderes Getreide.

Abkürzungen

l = Liter
kg = Kilogramm
g = Gramm
kcal = Kilokalorien
kJ = Kilojoule
ccm = Kubikzentimeter
ml = Milliliter

Die Angaben in den Rezepten sind nur als grobe Orientierungshilfe zu sehen, da wir die Zutaten nicht mit der Briefwaage abmessen wollen.

Der Mengenbedarf pro Person und Mahlzeit ist in den einzelnen Kapiteln angegeben.

Inhaltsverzeichnis

Die Single Küche

Mit diesem Buch wende ich mich an die vielen »Singles«, »Alleinstehende« oder »Solisten«, die wissen, daß der Ein-Personen-Haushalt so manche Probleme mit sich bringt.

Es fängt schon beim Einkaufen an. Die meisten Packungsgrößen sind auf mehrere Personen abgestimmt, sei es das Butterpaket, der Quark oder Margarinebecher oder Öldosen, Essigflaschen, Mehltüten, Brotgrößen, Saftflaschen usw., usw.

Begrenzte Haltbarkeit vieler Vollwertprodukte hält vom Kauf zurück, obwohl der Wunsch danach vorhanden ist. Oft fehlt auch der Mut, einfach nur wenig zu verlangen. Warum nicht eine Scheibe Käse, einen Apfel oder ein halbes Brot, 100 g Feldsalat, 1/8 kg Butter oder nur 250 g Weizenschrot? – außerdem sind die meisten Rezepturen nur für vier Personen geeignet; sie zu halbieren wird schwierig, sie zu vierteln unmöglich.

Auch der Arbeitsaufwand wird häufig nicht als lohnend angesehen, und man entschließt sich dann, doch lieber essen zu gehen oder sich nur eine Scheibe Brot zu bestreichen.

Trotz dieser vielfältigen Schwierigkeiten möchte ich aufzeigen, daß auch Sie sich gesund und abwechslungsreich ernähren können.

Natürlich ist es einfacher, Fertiggerichte, Konserven oder Tütensuppen zu essen, die ernährungsphysiologischen Nachteile vieler dieser Produkte sind auf Dauer aber erheblich, und außerdem wird es langweilig und eintönig.

Mit Überlegung beim Einkauf, sinnvoller Planung und guter Vorbereitung gelingt es auch, schnelle, wohlschmeckende, preisgünstige und gesunde Speisen zuzubereiten.

Es macht Spaß, sich mit natürlichen Nahrungsmitteln zu beschäftigen und Sie werden feststellen, daß Ihr Budget gar nicht so stark belastet wird, wenn Sie verfeinerte Nahrungsmittel, Wurst und größere Mengen Fleisch streichen und sich vorwiegend von Grundnahrungsmitteln ernähren. Vollgetreide und Milch und die daraus hergestellten Produkte, frisches Obst und Gemüse, Nüsse und alle aus ihnen gewonnenen Öle und Fette machen Ihr Essen abwechslungsreich und reichen vollauf zur Versorgung mit essentiellen Nährstoffen aus.

Die wichtigsten Kenntnisse über Fitness-Ernährung, vollwertige Lebensmittel und richtige Zubereitung von leckeren Rezepten möchte ich Ihnen in diesem Buch vermitteln – verknüpft mit Informationen, Anregungen und Tips, die aus eigener zehnjähriger »Singlezeiterfahrung« stammen.

Marlis Weber

Genuss und Gesundheit – kein Widerspruch

Viele Menschen möchten sich gesund ernähren, dennoch schrecken sie vor dem Verzehr bestimmter Lebensmittel mit dem Hinweis: Das ist gesund, zurück. Was gesund ist, schmeckt meist nicht – ein Vorurteil, das sich hartnäckig hält. Dabei beweisen erstklassige Köche Tag für Tag das Gegenteil. In der Gourmetküche werden ausschließlich frische, naturbelassene und qualitativ hochwertige Produkte verarbeitet – dies sind auch unsere Kriterien.

Genuß ist nicht abhängig von Kaviar, Hummer und Champagner und steht auch nicht im Widerspruch zu einer ökologischen, preisbewußten und gesundheitsorientierten Eßkultur. Die Grundprodukte müssen von bester Qualität – die Kombination sollte etwas Besonderes sein.

Kochen gehört heute zu einem gesunden Lebensgefühl und wird sogar als Mittel zur Streßbewältigung angesehen. Der Trend geht zu einer individuell ausgerichteten Genußküche. Das Körpergefühl entscheidet über den wahren Genuß.

Die zeitgemäße Küche ist leicht und bekömmlich. Qualität ist oberstes Gebot beim Einkauf. Sie sollten möglichst natürliche und frische Lebensmittel, viel Obst und Gemüse, hochwertige Milch und Milchprodukte, Vollkornprodukte, Nüsse und Samen, hochwertige kaltgepreßte aromatische Pflanzenöle, Gewürze sowie gute Essige – alles von bester Qualität – verwenden.

Sanfte Garverfahren wie dünsten, dämpfen, pochieren und blanchieren wecken das Aroma, ohne wertvolle Bestandteile der Nahrung zu zerstören.

Starre Regeln gibt es nicht. Salat kann durchaus auch einmal zum Hauptgang gegessen werden. Müsli ist nicht nur ein Frühstücksgericht, es macht auch zu anderen Tageszeiten fit, und manchen Menschen bekommt es am Mittag besser als morgens. Vollkornbrote und Körnergerichte sind wertvoll aber nicht für jeden gleich gesund. Entscheiden Sie, was Ihnen schmeckt und bekommt.

Bewusstes Essen

Bemühen Sie sich, ohne Hast und bewußt zu essen, beginnen Sie beim Frühstück.

Getränke
Trinken Sie reichlich. Probieren Sie neben Kaffee oder grünem Tee auch Kräuter- oder Früchtetees.

Vollkorn zum Frühstück
Setzen Sie Vollkorn auf die Frühstückskarte. Lassen Sie sich anregen von den Vorschlägen ab Seite 18. Diese Gerichte sättigen gut und halten lange fit.

Leckere Quarkspeisen
Essen Sie Quark in allen Variationen, mal pikant, mit Kräutern, Sprossen und Gewürzen – oder süß, mit Früchten, Trockenfrüchten und Nüssen und Honig.

Frischkost vorweg
Beginnen Sie Ihre Mahlzeiten mit Frischkost, zubereitet mit kaltgepreßten Ölen.

Kräuter und Gewürze
Verwenden Sie Salz sparsam. Nehmen Sie dafür Kräuter und Gewürze (z.B. Curry oder Paprika) sowie Sprossen und Keime.

Wenig Fett
Fettes Fleisch, Wurst und Süßigkeiten sollten Sie meiden und mit Aufstrich- und Zubereitungsfett sparsam umgehen.

Alternative Süßungsmittel
Zucker sparsam verwenden. Er bringt unnötige Kalorien und macht schnell wieder neuen Hunger. Wenig süßen: mit Vollzukker, Honig, Ahorn-, Rübensirup, süßen Früchten, Trockenobst, Saftkonzentrat.

Vollkorn statt Weißmehl
Weißmehl sollten Sie gegen Vollkornmehl austauschen; auch daraus hergestellte Produkte wie Nudeln, Brot, Brötchen, Kuchen u. v. m.
Sie schmecken ausdrucksvoller und kerniger und sind gesünder.

Lust auf Süßes
Vollkornkekse, Frucht- und Nußschnitten, Trockenobst (ungeschwefelt), Studentenfutter oder einfach süße Früchte stehen zur Auswahl.

Auf Qualität achten
Nur qualitativ hochwertige Zutaten verwenden. Bewahren Sie den Wert der Lebensmittel durch richtige Lagerung, Vor- und Zubereitung (siehe S. 14).

Zutaten für den richtigen Einkauf

Ahornsirup wird aus dem Saft der Ahornbäume (Kanada) gewonnen. Enthält Mineralstoffe und Spurenelemente.

Alfalfa: Samen der Luzerne, die sehr gut zum »Keimen« geeignet sind.

Apfelessig: Aus Apfelwein hergestellter Essig mit biologisch gewonnener Säure. Apfelessig ist mild und bekömmlich, er enthält wertvolle Mineralstoffe und Spurenelemente und kann als Würzmittel zu Salaten sowie als Getränk mit Wasser verdünnt und Honig gesüßt, verwendet werden.

Ballast/Faserstoffe sind unverdauliche Stoffe, die im Darm quellen und dadurch die Darmtätigkeit anregen. Enthalten in Vollkorngetreide, Nüssen, Samen, Gemüse (Knollen und Wurzeln) und Obst.

Balsamicoessig: Basis für Balsamico ist die Trebbianotraube (für die Essigherstellung wird sie spät mit einem hohen Zuckergehalt gelesen). Nach dem Pressen und Klären wird er bis zu einem Drittel eingedampft, der Zuckergehalt beträgt ca. 30%. Er wird heiß in sterile Glasballons gefüllt und versiegelt. Wenn sich die verbleibenden Trübstoffe abgesetzt haben, kommt der Most in offene Fässer, wo die alkoholische Gärung und die Essigbildung einsetzen. Die Fässer bestehen aus Eiche, und der Original Balsamico Traditionale kann frühestens nach 12 Jahren abgefüllt und verkauft werden.

Bindemittel: Zur Verfügung stehen Agar-Agar, aus Meeresalgen gewonnen mit hohem Mineralstoffgehalt und Biobin, aus Johannisbrotkernmehl (geschmacksneutral für süße Speisen) hergestellt.

Birnensaftkonzentrat ist eingedickter Birnensaft (gibt es auch aus Äpfeln), gute Alternative zu Zucker.

Eier gehören als natürliche Lebensmittel auch zur gesunden Ernährung. Sparsam verwenden, denn sie enthalten neben Eiweiß auch Fett und Cholesterin. Freilandeier bevorzugen.

Energiedrinks: Auf Kohlenhydratbasis hergestellte Getränke mit einem hohen Mineralstoff- und meist auch einem hohen Vitamingehalt. Sie eignen sich als Getränk für zwischendurch und insbesondere nach sportlichen Anstrengungen oder nach dem Fitneßstudio – Vorsicht vor Aufputschgetränken, die ebenfalls als Energiedrinks oder Fitneßdrinks angeboten werden, deren Zutaten jedoch keinesfalls unbedenklich sind.

Fertigmüslis: Für das schnelle Frühstück bestens geeignet, besteht aus Flocken, Trockenfrüchten, gibt es gesüßt und ungesüßt und wird einfach nur mit warmer oder kalter Milch übergossen.

Getreidekörner sollten Sie, auch wenn die Ware etwas teurer ist, abgepackt kaufen. Nur so sind Herkunft und Lieferant zu erkennen und Anbaumethode, Kontrollsystem und Reinigungsvorgänge herauszufinden.

Getreidemühle: Erleichtert das Backen und Kochen mit Vollkorn. Erkundigen Sie sich in Reformhäusern oder beim Fachhandel nach Mühlen.

Hefe-Gemüsebrühe: Ein Extrakt auf Hefebasis und Gemüse, ideal für die Singleküche als Grundlage für delikate Suppen und Saucen, zum Verfeinern von Gemüse- und Getreidegerichten und einfach nur aufgelöst in heißem Wasser zum Trinken.

Hefeprodukte ergänzen die Nahrung mit Eiweiß und Vitaminen der B-Gruppe.
Es gibt Flocken, Pasten und Extrakt für Gemüsebrüheherstellung.

Honig: Natürliches Süßungsmittel mit vielen wertvollen Inhaltsstoffen.

Kokosfett: Ungehärtetes Pflanzenfett, zum Braten geeignet.

Leinsamen haben einen hohen Gehalt an darmfreundlichen Ballaststoffen. Die Quellfähigkeit und Schleimabgabe ist hoch und deshalb wird Leinsamen auch bei Magen- und Darmstörungen eingesetzt: Ganz bei Darmträgheit, geschrotet bei Schleimhautreizungen des Magens.

Meersalz enthält neben Natrium auch noch andere Mineralstoffe wie Jod, Magnesium und Calcium.

Milchsäure: Unterschieden wird zwischen rechtsdrehender L+Milchsäure und linksdrehender D–Milchsäure. Die rechtsdrehende Milchsäure wird vom Stoffwechsel leichter verarbeitet. Produkte mit überwiegend L+Milchsäure sind milder und besser bekömmlich (siehe Sanoghurt).

Molke ist reich an wertvollem Eiweiß, Vitaminen und Mineralstoffen. Sie ist im Reformhaus erhältlich, auch mit verschiedenen Fruchtzusätzen.

Nußmus wird ohne Fremdzusätze aus Nüssen hergestellt und eignet sich als Brotaufstrich, zum Backen, für Saucen und Desserts. Angebrochenes Glas kühl aufbewahren.

Pflanzenöle, kalt gepreßt (gibt es im Reformhaus) sind schonend gepreßt und raffiniert. Sie enthalten noch Fettbegleitstoffe wie fettlösliche Vitamine, Lezithin, natürliche Farbstoffe, Geruchs- und Aromastoffe.

Pflanzenmargarine, ungehärtet: Margarine ohne gehärtete Fettanteile.

Rübensirup ist eingedickter Rübensaft, eignet sich als Brotaufstrich und zum Backen.

Sanoghurt ist ein Sauermilcherzeugnis mit hohem Anteil an rechtsdrehender Milchsäure (L+).

Sauerteig kann getrocknet oder flüssig gekauft, aber auch selbst hergestellt werden. (3 Eßlöffel Roggenschrot mit lauwarmem Wasser und etwas Honig anrühren und einige Tage bei Zimmertemperatur stehenlassen – öfter durchrühren.)

Sojabohnen sind eiweißreich und vielfältig zu verwenden.
Keimlinge der Sojabohne (Sprossen) liefern wertvolle Frischkost.
Sojamehl wird als Zusatz zum Backen, auch für Suppen und Saucen verwendet. Durch den hohen Lezithingehalt kann es teilweise Eier ersetzen.

Sojamilch ist gut einzusetzen bei Milcheiweißallergie.

Sojasauce verfeinert asiatische Gerichte.

Tofu ist ein quark- oder schichtkäseähnliches Produkt aus Soja und eine gute Alternative zu Fleisch und Fisch. Tofu Natur ist sehr geschmacksneutral und kann mit Marinaden aus Sojasauce, unterschiedlichen Gewürzen oder frischen Kräutern und Olivenöl zu einer Köstlichkeit der leichten Küche werden.

Trockenfrüchte enthalten die meisten Inhaltsstoffe der frischen Früchte in konzentrierter Form. Ungeschwefelte Früchte verwenden.

Vanille: Hergestellt aus der echten Bourbon-Vanille; im Gegensatz zu Vanilin sehr aromatisch, verleiht sie Süßspeisen wie Cremes, Milchmixgetränken, Müslizubereitungen sowie Kuchen und Gebäck ein feines Aroma.

Vegetabile Pasteten werden aus Soja, Hefe, Getreide, Pflanzenfett und Gewürzen hergestellt. Gibt es in verschiedenen Geschmacksrichtungen.

Vollkornbrösel können aus Vollkornbrötchen im Mixer selbst hergestellt oder im Reformhaus gekauft werden.

Vollkornmehl: Aus ganzem Korn sehr fein gemahlen.

Vollkornschrot: Aus ganzem Korn nicht so fein wie Mehl gemahlen. Die Begriffe Mehl und Schrot sind nicht klar abzugrenzen. Feingemahlener Schrot = Vollkornmehl.

Vollzucker: Getrockneter Zuckerrübensaft.

Gewürzkräuter

Kräuter selbst zu ziehen, bietet den Vorteil, immer nur soviel abschneiden zu müssen, wie das jeweilige Rezept verlangt.
Wer keine Möglichkeit zum »Gärtnern« hat, sollte frische Gewürzkräuter in kleinsten Mengen kaufen und gut eingepackt im Kühlschrank aufbewahren.

Auf Vorrat

In der Zeit des Überangebotes können Sie für Vorrat sorgen: Petersilie, Schnittlauch, Dill, Kerbel u. a. klein schneiden und portionsweise in Plastikgefäßen, Tütchen oder Eiswürfelbehältern einfrieren.
Zum Trocknen eignen sich z. B. Thymian, Salbei, Bohnenkraut u. a. Durch zu engen Kontakt kann sich Schimmel bilden, deshalb die Zweige nach der Ernte einzeln oder lose aufbewahren.
So behandeln Sie frische Kräuter:

- Nur kurz mit kaltem Wasser abspülen.
- Danach gut ausschütteln, eventuell mit einem Küchentuch gut trocknen.
- Dann kleinschneiden.
- Dill und Schnittlauch schneiden sich gut mit einer Küchenschere.

Getrocknete Kräuter oder Kräutermischungen sollten Sie zwischen Zeigefinger und Daumen zerreiben, das ergibt mehr Aroma. Auch ein Mörser ist praktisch. In ihm können ganze Gewürze wie Koriander, Fenchel, Anis zerstoßen werden.
Gewürzkräuter verbessern nicht nur den Geschmack, sondern haben auch direkten Einfluß auf Appetit, Verdauung und Bekömmlichkeit. Sie enthalten neben Aroma- und Duftstoffen auch ätherische Öle, zum Teil Vitamine und Mineralstoffe und andere interessante Wirkstoffe.

Vorbeugende Wirkung

Kräuter und Würzpflanzen können, wenn sie regelmäßig in größeren Mengen verwendet werden, Krankheiten vorbeugen. Z. B. wirkt Knoblauch positiv auf die Gefäße, Beifuß auf die Lebertätigkeit, Petersilie und Brennessel auf die Nierenfunktionen.

Sparsam salzen

Kräuter und Gewürze können Kochsalz ersetzen oder zumindest den Verbrauch verringern.

Tips & Tricks für den Single-Haushalt

- Alle Rezepte sind erprobt und mehrfach zubereitet. Ich hoffe, daß sie auch auf Anhieb gelingen, wenn Sie in Küche und Haushalt weniger erfahren sind. Sollte jedoch ein Versuch mißlingen, dann lassen Sie sich nicht abbringen, es noch einmal, vielleicht mit mehr Zeit und Ruhe, zu versuchen.
- Bei der Zusammenstellung der Menüs wurde darauf geachtet, daß die verschiedenen Zutaten zueinander passen, sich ergänzen, gut sättigen und ohne großen Zeit- und Energieaufwand hergestellt werden können.
- Wenn Menüs zu umfangreich erscheinen, können Sie statt des Hauptganges verschiedene Beilagen auswählen.
- Die Rezepte sind nur dann für zwei Portionen geplant, wenn Qualität und Geschmack durch Wiedererhitzen nur geringfügig leiden.
- Wenn Zutaten in einem Rezept nicht vollständig verbraucht werden, beachten Sie bitte die Hinweise zur Weiterverarbeitung.
- Vermeiden Sie durch falsche Lagerung, Vorbereitung oder Zubereitung die Bildung von Giftstoffen. So können beispielsweise in Brot und Nüssen durch Schimmelbefall giftige »Aflatoxine«, oder beim Hocherhitzen von Pflanzenölen Transfettsäuren und beim Grillen Benzpyrene entstehen.
- Bereiten Sie bestimmte Produkte, die in den Rezepten immer wieder Verwendung finden, auf Vorrat zu. Geben Sie diese in ein Schraubglas bzw. einen gut schließenden Behälter. Aufbewahrung, wenn nötig, im Kühlschrank. Haltbarkeit:

  Salatsaucen (ohne Kräuter, Zwiebel oder Knoblauch) ca. vier Tage
  Quarkspeisen maximal zwei Tage
  geriebenen Käse vier bis fünf Tage
  Vollkornsemmelbrösel einige Wochen
  gehackte Nüsse (kühl und trocken) einige Tage

- Brauchen Sie nur wenig Zitronensaft, so stechen Sie eine Zitrone mit dem Zahnstocher an und drücken den Saft aus. Die kleinen Öffnungen verschließen sich wieder. Oder Sie verwenden Zitronensaft aus der Flasche.
- Bereiten Sie Ihre »Gewürzöle« selbst zu (kleine Mengen Öl in einer dunklen Flasche mit Gewürzen ansetzen). Nach einigen Wochen schmecken sie hervorragend.
- Auch Frischkäse, Schafskäse und Tofu können Sie in Gewürzöl für ca. drei Wochen einlegen.
- Besorgen Sie sich kleine, gut verschließbare Schälchen zur Aufbewahrung von Speisen – es ist ökologisch, denn Sie sparen Folien.

Küchengeräte für den Mini-Haushalt

Der kleine Haushalt kommt zunächst mit relativ wenig Geräten aus. Wenn Sie gerade mit der Ausstattung beginnen, sollten Sie zugunsten der Qualität lieber teurere Geräte und diese eben nach und nach kaufen.

Kühlschrank und Gefrierschrank
Günstig ist es, wenn der Kühlschrank ein großes 3-Sterne-Gefrierfach besitzt, ansonsten lohnt sich die Anschaffung eines kleinen Gefrierschrankes. Sie finden viele Rezepte, die sich wunderbar teilen und einfrieren lassen. Auch für Brot, Brötchen, Kuchen, Butter, Margarine und Käse macht sich eine Tiefkühlmöglichkeit auf Dauer bezahlt.

Tischgrill
Auch ein kleiner elektrischer Tischgrill ist praktisch, da er weniger Strom als der Elektrobackofen braucht und zum Überbacken gut ausreicht.

Pfannen und Töpfe
Wichtig sind eine Pfanne (Gußeisen oder Edelstahl), die nicht zu klein (∅ 30 cm) sein soll, und Töpfe von guter Qualität. Sie kommen am Anfang mit einem großen 3 bis 4-, einem kleinen hohen 2- und einem kleinen flachen 1-Liter-Topf aus.

Nützliche Utensilien
Geräte wie Pfannenwender, Schöpfkellen, klein und groß, Schaumlöffel und Palette (Pfannenmesser) gehören als Grundausstattung in die Küche und sollten aus gutem Material (Edelstahl) sein – ebenso der Dosenöffner.
Der kleine Schneebesen ist wichtig.
Praktisch ist ein biegsamer Teigschaber.

Messer & Schneidebretter
Problemkinder in fast jeder Küche sind die Messer. Zu empfehlen sind zwei kleine Gemüsemesser mit gebogener und gerader Klinge, ein großes Profimesser, schwer und breit, mit glatter Klinge, ein großes Messer mit Wellenschliff für Tomaten und ein Sparschäler für Kartoffeln, Spargel usw. Dazu gehören ein kleines und ein großes Holz- oder Kunststoffbrett.
Wer nicht ganz so geschickt im Umgang mit großen Messern ist, sollte sich für die Zerkleinerung von Kräutern ein altbewährtes Wiegemesser oder eine kleine Frischkräutermühle kaufen.

Reiben
Praktisch, aber nicht unbedingt notwendig, ist eine Elektroreibe für Obst, Gemüse und Kartoffeln. Wenn sie angeschafft wird, sollte auch ein Mixbecher dabeisein. Für die meisten Rohkostrezepturen reicht ein Handgemüsehobel mit verschiedenen Einsätzen, mit dem auch Käse gerieben werden kann.

Elektrorührgerät
Notwendig und lohnend ist ein elektrisches Handrührgerät. Wenn kein Mixer vorhanden ist, sollte auch ein Pürierstab dabeisein (Kombination).

Formen
Sie sollten sich kleine Kuchenformen, kleine Auflauf- und Pastetenformen anschaffen. In großen Formen trocknet eine kleine Menge schnell aus.

Mörser, Mühlen & Reiben
Ein wichtiges Utensil ist der Mörser. Ganze Gewürze wie Pfefferkörner oder Knoblauchzehen, Küchenkräuter oder auch Gewürzmischungen können zerstoßen werden und dadurch ihr Aroma voll entfalten. Lassen Sie sich Gewürzmühlen schenken. Fangen Sie selbst mit der Pfeffermühle an; aber auch Kümmel, Koriander und Brot-Gewürz-Mischungen entfalten ihr Aroma frisch gemahlen besser. Gerade im kleinen Haushalt sollten möglichst ganze Gewürze verwendet werden.
Eine Getreidemühle erleichtert die Arbeit; informieren Sie sich im Fachhandel über die verschiedenen Modelle und Möglichkeiten.
Für Knoblauchfans lohnt eine Knoblauchpresse.
Zum Reiben von Muskatnüssen, Meerrettich oder auch Zitronenschale gibt es preisgünstige Minireiben. Praktisch ist eine Parmesanreibe.

Siebe
Siebe braucht man nicht oft, aber wenn, dann dringend. Sie sollten sich deshalb zunächst ein größeres Suppensieb und ein kleines Teesieb anschaffen. Für Salat- und Obstvorbereitungen ist ein Sieb mit größeren Löchern günstig.
Es gibt natürlich noch diverse nützliche Geräte wie Trichter, Meßbecher, Zangen, Saftpressen, Eierschneider, Apfelausstecher, Spachtel, Spritzschutz zum Auflegen auf Pfannen, Eipikser, Salatschleuder und, und, und... Sie werden herausfinden, was in Ihrer Küche noch fehlt!

Getreide – in welcher Form?

Damit Getreidekörner aufgeschlossen und die Inhaltsstoffe genutzt werden können, müssen wir sie in irgendeiner Weise vor- oder zubereiten.
Es gibt mehrere Möglichkeiten:

Keimen ist die wertvollste Möglichkeit der Vorbereitung (siehe Seite 34).
Schroten und Quellen: Die Stärke quillt durch die Feuchtigkeit auf und wird bekömmlich. Das Getreide muß zwar feucht, sollte aber nicht zu naß sein und im Kühlschrank aufbewahrt werden; nehmen Sie für Müslis Buttermilch zum Einweichen.

Kochen: Auch hierdurch steigt die Bekömmlichkeit, aber der Wert nimmt etwas ab. Hitze hat immer Einfluß auf Enzyme und Vitamine.

Dörren ist Trocknen bei ca. 70 Grad C im Backofen.

Nur Vollkornflocken mit Keim
Bekannt sind Flocken aus verschiedenen Getreidesorten. Wichtig ist, daß sie wirklich **mit Keim** – also Vollkorn – verwendet werden.

Kleine Menüs für 14 Tage

Spinatsalat
Möhrenpuffer
Sahnekartoffelpüree
Fruchtquark mit Beeren

Möhrenfrischkost mit Nüssen
Frankfurter Grüne Sauce
Pellkartoffeln
Frisches Obst

Bunter Salat mit Sprossen
Pfannkuchen mit Champignonfülle
Frucht-Sauermilch

Rohkostteller, gemischt
Vollkornspaghetti mit Spinat
Bananenquarkspeise

Tomatensalat mit Mozzarella
Kartoffelgulasch
Obstsalat

Gemüsesuppe mit Einlage
Bleichsellerie, überbacken
Grüner Salat
Gebackene Banane

Schrotsüppchen
Grüner Salat
Gebratene Selleriescheiben
Möhrengemüse
Apfel-Zimt-Dessert

Gazpacho
Apfelkuchen mit Zimt
Früchtequark

Blumenkohlrohkost
Polentaschnitten, überbacken
Frisches Obst

Löwenzahnfrischkost
Lauch, gedünstet
Petersilienkartoffeln
Frucht-Sauermilch

Salatteller
Pizza
Bratapfel

Gurkensalat
Tofubratlinge
Pfifferlinge mit Kerbel und Knoblauch
Früchtequark

Kohlrabifrischkost
Gurken in Tomatensauce
Hirsotto
1 Glas Buttermilch

Sprossensalat, süß-pikant
Gefüllte Paprika
Kartoffelnestchen
Erdbeeren mit Sahne

Das Frühstück

Aus Zeitmangel, Bequemlichkeit oder anderen Gründen ist das Frühstück oft lieblos und mangelhaft zusammengestellt – manchmal entfällt es ganz. Schade – denn gerade diese Mahlzeit ist sehr wichtig.
Ganz in Ruhe sollte der Tag beginnen – und mit einem vollwertigen Frühstück. Dafür gibt es kaum bessere Zutaten als Vollkornprodukte, ob als Porridge, Pfannkuchen, Brot, Waffeln oder als Müsli zubereitet. Es gibt viele Möglichkeiten und Rezepte. Suchen Sie sich heraus, was Sie am liebsten mögen.
Denken Sie daran: Für manche Gerichte muß am **Vorabend das Korn eingeweicht** werden, sonst ist es am Morgen nicht gut bekömmlich.
Wenn Sie sich erst jetzt mit Vollwerternährung beschäftigen, beginnen Sie am besten mit einem Müsli.

Weizenschrotmüsli

280 kcal / 1120 kJ

2 EL Weizenschrot (grob),
über Nacht in wenig Wasser eingeweicht,
1 Becher Sanoghurt (150 g),
1 mittelgroßer Apfel, 1 TL Honig,
1 EL grob gehackte Nüsse.

Weizenschrot (gekauft oder selbst gemahlen) mit Sanoghurt verrühren. Apfel gut waschen und hineinreiben. Mit Honig abschmecken und mit Nüssen bestreuen.

Tip: Muß am Abend vorbereitet werden.

Bircher-Benner-Müsli nach Originalrezept

250 kcal / 1000 kJ

1–2 EL Vollkornhaferflocken,
etwas Wasser,
2–3 EL süße Sahne, 1 TL Zitronensaft,
1 mittelgroßer Apfel,
1 EL geriebene Nüsse.

Haferflocken mit Wasser mischen. Einige Zeit stehenlassen, dann die Sahne und den Zitronensaft zugeben. Eventuell mit etwas Honig abschmecken.
Den gut gewaschenen Apfel mit der Schale reiben und mit den Nüssen untermischen.

Alles was ein Müsli braucht ▷

Honig

Müsli mit Biss

300 kcal / 1200 kJ

2 EL gekeimte Körner (siehe Seite 34),
1 Becher saure Sahne (150 g) oder Sauermilch,
1 Banane,
Saft von 1/2 Zitrone (Rest gut einpacken),
1 EL Rosinen.

Körner mit Sahne oder Sauermilch verrühren. Banane mit der Gabel zerdrücken (gibt so ein besseres Aroma) und Zitronensaft und Rosinen zugeben. Alles vermengen.

Hirseflockenmüsli

200 kcal / 800 kJ

1 Becher Sauermilch (150 g),
1 TL Sesam, kurz angeröstet,
1 Banane oder 1 Apfel,
1 TL Honig,
2 EL Hirseflocken.

Sauermilch in eine Schüssel geben. Sesam, die zerdrückte Banane oder den fein geriebenen Apfel und den Honig untermengen. Erst kurz vor dem Verzehr die Hirseflocken einrühren (sie lösen sich schnell auf).

Beerenmüsli mit Sahne

280 kcal / 1120 kJ

1–2 EL Haferflocken,
2–3 EL Orangensaft,
150 g reife Beeren, nach Geschmack und Jahreszeit,
1 TL Ahornsirup,
5 EL süße Sahne.

Haferflocken in Orangensaft einweichen. Die Beeren waschen und entstielen, zu den Haferflocken geben und mit Ahornsirup süßen. Mit Sahne übergießen. Wenn Sie Zeit haben, schlagen Sie die Sahne leicht an.

Karottenmüsli

200 kcal / 800 kJ

2 mittelgroße Karotten,
Saft von 1 Orange,
1 TL Honig,
2 EL Weizen- oder Haferkleie,
1 EL Sonnenblumenkerne.

Karotten schälen, fein reiben. Mit Orangensaft und Honig vermengen. Weizenkleie untermengen und mit Sonnenblumenkernen bestreuen.

Tip: Besonders ballaststoffreich.

◁ Müsli »mit Biß« und frischen Früchten

Schnellmüsli – für ganz Eilige

250 kcal / 1000 kJ

3–4 EL Fertigmüsli,

1 Glas Milch (3,5 % Fett), Buttermilch oder Kefir.

Alles vermischen – kann sofort gegessen werden.

Sechskorn mit Mango

300 kcal / 1200 kJ

2 EL Sechskorn (6 Getreidesorten, miteinander vermischt und geschrotet),

etwas Wasser, oder Buttermilch,

1 Becher Dickmilch (150 g),

1 Mangospalte oder 4 EL Mango-Vollfrucht,

etwas Anis und Koriander,

1 TL Ahornsirup.

Sechskorn einweichen und im Kühlschrank aufbewahren. Am Morgen mit Dickmilch verrühren. Mango zugeben und mit zerstoßenem Anis und Koriander und Ahornsirup abschmecken.

Tip: Sechskorn am Vorabend einweichen.

Porridge – made in England

250 kcal / 1000 kJ

200–250 ml Wasser,

3–4 EL grobe Haferflocken,

Meersalz, 1 EL Rosinen.

kalte Milch oder Sahne.

Wasser zum Kochen bringen. Haferflocken, Salz und Rosinen zugeben und bei geringer Energiezufuhr ca. 15 Minuten ausquellen lassen. In tiefe Teller füllen und mit kalter Milch oder Sahne übergießen.

Zum Frühstück gibt es außerdem noch...

- Vollkornbrote und -brötchen, die mit Käse, Quark, mal süß, mal pikant zubereitet, mit hausgemachter (vielleicht ein Geschenk) Marmelade, Honig oder selbstgemachten Pasten bestrichen werden.
- Wenn genügend Zeit vorhanden ist, schmeckt ein Pfannkuchen mit Ahornsirup oder Waffeln mit Mandeln lecker.

...und dazu

- frischgepreßter Obstsaft, der munter macht, und Kräutertee, der den Stoffwechsel anregt.

Brotaufstriche – selbstgemacht

Oft fehlt die Abwechslung beim Brotaufstrich. Wurst hat Nachteile, immer nur Käse ist langweilig, und vegetarische Pasten alleine begeistern auch nicht anhaltend. Deshalb bereiten Sie sich Ihren »Brotaufstrich« selbst zu – mal für ein Abendessen, für die Pause, für das Picknick oder auf Vorrat.

Camembertcreme mit Zwiebeln

220 kcal / 880 kJ

- 1/2 Ecke Camembert, (45 % Fett i. Tr., sehr reif),
- 1 kleine Zwiebel, etwas Paprikapulver,
- 1 EL geschnittener Schnittlauch,
- 1 TL Sonnenblumenkerne.

Camembert kleinschneiden oder zerdrükken. Zwiebel würfeln und mit Paprikapulver oder Schnittlauch bestreuen. Schmeckt gut zu frischgebackenem Brot.

Pikante Butter

- 125 g oder 250 g Butter,
- wenig Meersalz,
- Pfeffer aus der Mühle,
- zerdrückter Knoblauch,
- oder gehackte Kräuter,
- oder Hefeextrakt (schmeckt übrigens köstlich),
- oder Tomatenmark,
- oder Salbeiblätter,
- oder kurz angerösteter Sesam.

Die Butter schaumig rühren und dann mit den Zutaten vermengen.

Tip: Für die Vorratshaltung!

Mungo-Knoblauch-Aufstrich

120 kcal / 480 kJ

$1/2$ Tasse Mungobohnensprossen,
1 kleine Zwiebel,
1 Knoblauchzehe, 1 Bund Dill,
2–3 EL Quark (20 % Fett),
eventuell etwas Milch,
Meersalz.

Alle Zutaten miteinander vermischen. Paßt zu frischgebackenem Vollkornbrot oder Brötchen.

Tip: Kann zum Arbeitsplatz mitgenommen werden.

Meerrettich-Apfel-Aufstrich

170 kcal / 680 kJ

$1/2$ Becher saure Sahne,
1 EL Quark (Rest für Dessert am nächsten Tag),
1 TL Meerrettich – frisch gerieben oder aus dem Glas,
1 kleiner Apfel,
etwas Meersalz (eventuell).

Sahne mit Quark, Meerrettich und feingeriebenem Apfel vermengen. Eventuell etwas nachsalzen.

Tip: Sahnerest für Müsli oder Pellkartoffeln. Quarkrest für Dessert.

Roquefortcreme auf Birnen

240 kcal / 960 kJ

50 g Roquefort oder Gorgonzola (50 % Fett i. Tr.),
2 EL Quark (20 % Fett i. Tr.),
1 reife Birne, 1 TL Zitronensaft.

Roquefort in eine Plastiktüte geben und kurz in heißes Wasser tauchen. Dann zerdrücken und mit Quark vermengen. Birne waschen, Kerngehäuse entfernen und die Frucht achteln. Mit der Roquefortcreme gefüllt, paßt sie zu Vollkorntoast.

Sprossen-Quark-Dip

180 kcal / 720 kJ

3–4 EL gekeimte Samen (Alfalfa oder Rettich),
250 g Quark (20 % Fett),
etwas Milch, 1 TL Hefeextrakt,
Pfeffer, $1/2$ TL Honig, Cayennepfeffer.

Sprossen gut abspülen und mit Quark, Milch, Hefeextrakt, Pfeffer, Honig und Cayennepfeffer verrühren. Nachschmecken und eine Hälfte zum Abendbrot essen, die andere Hälfte für den Arbeitsplatz reservieren. Kann gedippt werden mit Möhrenstiften, Gurkenscheiben oder Paprikastreifen.

Tip: Kann auf Vorrat zubereitet werden!

Snacks – auch zum Mitnehmen

Die kleine Zwischenmahlzeit ist wichtig, ob zu Hause oder im Betrieb. Sie sollte vollwertig und richtig zusammengestellt sein und am Arbeitsplatz noch appetitlich aussehen und schmecken.
Gut für zwischendurch eignen sich **Fertigmüslis** mit Sauermilch, Kefir oder Dickmilch, und natürlich auch Möhrenstifte, Gurkenscheiben, Radieschen, Rettiche, Paprikastreifen, Äpfel, Birnen, **Trockenobst** und **Nußschnitten** oder Studentenfutter.

In den verschiedenen Kapiteln sind Hinweise für die »Arbeitsplatzmahlzeit« angegeben.

Belegte Käsebrote

Mit Schnittkäse

180 kcal / 720 kJ

Vollkornbrot oder -brötchen mit Butter bestreichen, mit Salatblatt oder Gurkenscheiben und Schnittkäse belegen.

Mit Camembert

190 kcal / 760 kJ

Vollkornbrot oder -brötchen mit Butter, Hefeextrakt oder Tomatenmark bestreichen und mit Camembert belegen.

Mit Frischkäse

190 kcal / 760 kJ

Vollkornbrot oder -brötchen mit Frischkäse bestreichen und mit Apfelscheiben (Rest fürs Müsli) belegen.

Brot mit vegetarischer Pastete

160 kcal / 640 kJ

Vollkornbrot mit vegetarischer Pastete bestreichen, mit Olivenscheiben, Tomatenscheiben oder Paprikastreifen belegen.

Knäckebrot mit Banane und Nüssen

170 kcal / 640 kJ

Knäckebrot mit Butter bestreichen, mit Bananenscheiben belegen und mit gehackten Nüssen bestreuen.

Überbackene Toasts für die schnelle Küche

Toast mit Pfirsich und Meerrettich

320 kcal / 1280 kJ

2 Scheiben Grahambrot,

10 g ungehärtete Pflanzenmargarine,

1 TL Meerrettich, frisch gerieben,

1 reifer Pfirsich, Kräutersalz,

2 Scheiben Edamer (45 % Fett i. Tr.).

Brot kurz vortoasten, mit Fett und Meerrettich bestreichen. Pfirsich kurz in kochendes Wasser tauchen und enthäuten. In Scheiben schneiden und den Toast damit belegen, leicht würzen und mit Käse bedecken. Bei 200 Grad ca. 15–20 Minuten überbacken.
Dazu paßt Sellerierohkost.

Tip: Frische Meerrettichwurzel hält sich einige Tage im Kühlschrank.

Toast mit Frischkäse und Basilikum

250 kcal / 1000 kJ

2 Scheiben Grahambrot,

10 g ungehärtete Pflanzenmargarine,

2 mittelgroße Tomaten,

Kräutersalz,

1 Portion Frischkäse (62 g),

frische Basilikumblätter.

Brot kurz vortoasten. Mit Margarine bestreichen. Tomaten in Scheiben schneiden, das Brot damit belegen und leicht würzen. Mit zerkrümeltem Frischkäse bestreuen und bei 200 Grad ca. 15 Minuten überbacken. Mit frischem Basilikum garnieren.

Tip: Keime und Sprossen passen gut zu Toasts.

Toast mit Spargel

300 kcal / 1200 kJ

2 Scheiben Grahambrot oder anderes feinkrumiges Vollkornbrot,

2 EL geriebener Käse (45 % Fett i. Tr.),

6–8 Stangen Spargel (250 g),

etwas Paprikapulver,

2 EL geriebener Käse, 1 Tomate.

Vollkornbrot kurz vortoasten und mit geriebenem Käse bestreuen. Die Spargelstangen gut schälen und in leicht gesalzenem Wasser ca. 10 Minuten garen. Einmal durchschneiden und auf den Käse legen. Mit Paprikapulver würzen und wieder mit Käse bestreuen. Bei 200 Grad ca. 15 Minuten überbacken. Mit Tomatenscheiben belegen.
Dazu schmeckt Spinatsalat.

Tip: Von 500 g gekauftem Spargel eine Hälfte als Gemüse mit Butter und den Rest für den Toast verwenden.

Pilzcroutons

270 kcal / 1080 kJ

1 Vollkornbrötchen oder 1/2 Vollkornbaguette,
100 g frische Champignons,
1 TL Sonnenblumenöl,
1 kleine Tomate,
1 TL gehackte frische Kräuter (nach Wahl),
1 EL geriebener Emmentaler (45 % Fett i. d. Tr),
2 EL süße Sahne.

Vollkornbrötchen kurz vortoasten. Champignons putzen, waschen, blättrig schneiden und im erhitzten Öl anbraten; Tomate hacken, zugeben und kurz mitgaren. Kräuter unterheben und die Pilze auf den Brötchenhälften verteilen. Den Käse mit Sahne verrühren, über den Brötchenhälften verteilen und im Backofen unter dem Grill ca. 5 Minuten überbacken.

Tip: Vollkornbrötchen und Vollkorntoastbrot schmecken kräftiger und »körniger« und sättigen länger.

Frischkost & Salate

Wegen der einfachen Vor- und schnellen Zubereitung ist Frischkost für den kleinen Haushalt nicht nur gesund und wertvoll, sondern auch äußerst praktisch.
Frischkost paßt übrigens immer! Als Vorspeise, statt Suppe, als Beilage, als Hauptgericht an heißen Sommertagen, als Zwischenmahlzeit oder als »schlankes Abendessen«. Frischkost und Fitneß stehen in engem Zusammenhang.

Welches Öl zur Zubereitung?

Öle sind von großer Bedeutung bei der Frischkost- und Salatzubereitung. Es sollten **kaltgepreßte** und **unraffinierte Produkte** bevorzugt werden, die neben hochungesättigten (essentiellen) Fettsäuren auch noch Vitamin E, Lezithin, Farb-, Schleim-, Geschmack- und Geruchsstoffe enthalten. Dadurch bekommen diese Öle ihren typischen köstlichen Geschmack, der jede Salatsauce ausdrucksvoller macht.

Distelöl weist einen besonders hohen Gehalt an essentiellen Fettsäuren (Linolsäure) auf.

Leinöl hat einen starken Eigengeschmack und paßt gut zu Quark und Kartoffeln. Es muß schnell verbraucht werden, da es besonders empfindlich gegen Sauerstoff ist.

Olivenöl von bester Qualität ist das sogenannte Jungfernöl (Vergine/Extra-Vergine/Nativ) oder das Öl der ersten Pressung. Olivenöl hat ebenfalls einen starken Eigengeschmack und paßt zu Blattsalaten, Tomaten und mediterranen Gerichten.

Sonnenblumenöl ist für die Vollwertküche unentbehrlich. Es hat einen leichten Eigengeschmack, paßt praktisch zu allen Gerichten und ist zudem preiswert.

Walnußkernöl ist eine wertvolle Spezialität aus den Früchten des Walnußbaumes. Durch das feine Nußaroma eignet es sich vorzüglich für erlesene Salate und feinste Speisenzubereitung.

Die Zubereitung

Tips und Tricks

- Obst und Gemüse aus ökologischem Landbau bevorzugen.
- Nur frischeste Zutaten verwenden.
- Frischkost kurz und gründlich waschen. Eventuell dem Waschwasser Mineralstoffe zugeben (Biosmon).
- Erst nach dem Waschen zerkleinern.
- Gemüse und Obst, das sich nach dem Schälen leicht verfärbt, mit Zitronensaft beträufeln oder sofort mit der Salatsauce abdecken.
- Hochwertige Öle und aromatische Essige wie Balsamico oder Weißweinessig verwenden.
- Salatsaucen auf Vorrat herstellen, erst kurz vor dem Verzehr mit Kräutern und der Frischkost vermengen.
- Wenn Saucen zuwenig Masse ergeben, mit wenig heißem Wasser verdünnen.
- Angeschnittene Zwiebeln und Knoblauchzehen nicht aufbewahren, sie verlieren ihr Aroma und werden bitter.
- Wenig Salz, dafür viele frische Kräuter verwenden.
- Nüsse, Samen (z. B. Sesam) oder grob geschrotetes Getreide ohne Fett anrösten und über Salate streuen.
- Während der Blütezeit auch Gänseblümchen, Salbeiblüten oder Kapuzinerkresse zur Dekoration verwenden. Können mitgegessen werden.
- Wildkräuter wie Brennesseln, Bärlauch, Spitzwegerich, Löwenzahn, Rauke u.v.m. ebenfalls zur Salatzubereitung verwenden.
- Der eigenen Phantasie freien Lauf lassen und immer neue Kombinationen ausprobieren.

Was paßt zusammen

Blumenkohl – mit Sahne und Nußmus

Chicorée – mit Äpfeln, Orangen, Mandarinen und Sahne oder mit Paprika, Zwiebeln, Essig und Öl

Endivien – mit milchsauer vergorenen Gemüsen sehr pikant oder mit Zitronen-Honig-Dressing süßlich-mild

Grüner Salat (Blattsalat) – mit vielen anderen Gemüsesorten kombiniert und mit den verschiedensten Saucen (siehe Seite 47, 48)

Gurke – mit Kresse, vielen Kräutern, Essig und Öl oder mit Sahne, Zitronensaft und Honig

Kohlrabi – mit Orangen, aber auch mit Paprika, Tomaten und Möhren, süß mit Sahne oder pikant mit Essig

Möhren – mit Kresse, Paprika und Mais pikant oder mit Nüssen, Äpfeln und Sahne süß

Rote Bete – mit Meerrettich und Äpfeln entweder mit Sahne oder Essig und Öl

Sauerkraut – mit Gurken und Tomaten oder mit Ananas, Apfel oder Orangen

Sellerie – mit Birnen oder Äpfeln, Nüssen und Sahne

Tomaten – mit Mozzarella, Basilikum und Oliven oder mit Avocado und Frühlingszwiebeln und Vinaigrette

Weißkohl – eventuell kurz in kochendes Wasser tauchen (blanchieren) und mit Sahne oder Vinaigrette und Kümmel

Keime & Sprossen

Die Beliebtheit von Keimen und Sprossen ist einerseits auf den köstlichen Geschmack, andererseits auf den hohen Gehalt an wichtigen und wertvollen Inhaltsstoffen zurückzuführen.
Der Aufwand für die Sprossenzucht ist gering. Selbst in der kleinsten Wohnung ist dafür Platz, und somit ist »Keimen« gerade für den Ein-Personen-Haushalt ideal. Es bringt zudem den Vorteil, daß immer die richtige Menge Frischkost praktisch das ganze Jahr über zur Verfügung steht. Vor allem in der kräuterarmen Jahreszeit machen sich Sprossen bezahlt.
Man braucht zunächst qualitativ hochwertigen Samen – ein Einmachglas, ein Gummiband und ein wenig Tüll-, Mull- oder Kunststoffgaze. Die Samen werden nach 6–8 Stunden Einweichzeit nur noch feucht gehalten und können in ihrem kleinen »Treibhaus« wachsen.
Einfacher und müheloser ist allerdings das Keimen in einem mehrstöckigen »Keimapparat« oder einer speziell entwickelten »Keimbox« (Reformhaus).
Sie sorgt für die idealen Luft-Wasser-Verhältnisse und dadurch für optimale Wachstumsbedingungen.
Wichtig ist, daß nur gesunde, unbehandelte Samen in gutem hygienischem Zustand von höchstmöglicher Keimfähigkeit verwendet werden.
Unterscheiden kann man nach ihren Keimmerkmalen:

Kleine Samen (Luzerne, Senf, Sesam, Rettich u. a.)
Sie wachsen schnell und sind eßfertig, wenn sich die ersten kleinen Blättchen bilden.
Dem Rettich fällt eine besondere Aufgabe zu. Er wirkt hemmend auf das Wachstum von Bakterien, Hefen und Schimmelpilzen.

Getreide (Weizen, Roggen, Gerste, Hafer usw.)
Die Körner entwickeln während des Keimens einen leicht süßlichen Geschmack. Außer für Müsli eignen sie sich hervorragend für Körnersalate oder lassen sich einfach über Blattsalate streuen.

Zum Keimen eignen sich natürlich auch **Hülsenfrüchte** (Linsen schmecken besonders lecker, siehe Rezept Seite 36), **Sonnenblumenkerne** (schmecken hervorragend), **Senfsamen** (sehr pikant) und **schleimbildende Samen wie Leinsamen oder Kresse.**

Durch frische, selbstgezogene Sprossen wird der Rohkostteller noch leckerer.

Anleitung:
Nehmen Sie ein Weckglas oder eine Keimbox, und geben Sie die Samen hinein. Nach kurzem gründlichem Durchspülen weichen Sie die Samen in der dreifachen Wassermenge einige Stunden ein (eventuell in kohlensäurearmem Mineralwasser, wenn das Leitungswasser zu kalkhaltig ist). Dann wird das Wasser abgegossen, die Samen durchgespült und nichtgequollene Körner entfernt. Glas oder Box werden mit Gaze oder dem entsprechenden Deckel verschlossen und schräg hingelegt, damit das restliche Wasser ablaufen und Luft einströmen kann. Die günstigste Temperatur beträgt ca. 21 Grad.
weimal am Tag müssen die Samen gut abgespült werden. **Hygiene** ist wichtig, damit sich keine Schimmelpilze bilden können.

Je nach Sorte sind die Sprossen in einigen Tagen eßfertig.

Champignon-Kresse-Salat

100 kcal / 400 kJ

- 125 g frische Champignons,
- 1 TL Zitronensaft,
- 1 mittelgroße Tomate,
- 1/2 Tasse Kressesprossen, möglichst aus eigener Zucht.

Sauce:

- 2 EL süße Sahne,
- Meersalz, Pfeffer aus der Mühle.

Champignons putzen, waschen und in Scheiben schneiden. Mit Zitronensaft beträufeln. Tomate waschen und vierteln. Mit den Kressesprossen und der Sauce vermengen.

Tip: Mehr Champignons kaufen, Rest für Champignonomelette.

Rote-Bete-Weizenkeim-Salat

220 kcal / 880 kJ

- 1 kleine Rote Bete, gekocht,
- 1 kleine Zwiebel,
- 2 EL Weizenkörner, einige Tage gekeimt,
- 1 EL kaltgepreßtes Nußöl,
- 1 EL Zitronensaft,
- weißer Pfeffer, Meersalz.

Rote Bete schälen, vierteln, in dünne Scheiben schneiden. Zwiebel schälen und in Ringe schneiden. Mit dem gekeimten Weizen vermengen. Aus Öl, Zitronensaft, Pfeffer und Salz eine Sauce herstellen und über den Salat verteilen.

Chicorée-Sprossen-Salat in Currysahne

250 kcal / 1000 kJ

1 Chicoréestaude,

2 EL gekeimte Mungobohnen.

Sauce:

1/2 reife Banane,

1/2 Becher saure Sahne (10% Fett),

1 EL Zitronensaft,

Meersalz,

1 Prise Ingwer,

1/2 TL Curry,

1/2 TL Honig,

1 TL gehackte Petersilie.

Chicorée waschen, der Länge nach halbieren, bitteren Keil entfernen und die Blättchen in Streifen schneiden. Mit den Sprossen vermengen.

Banane zerdrücken oder pürieren, mit Sahne, Zitronensaft, Salz, Ingwer, Curry und Honig verrühren und über den Salat geben. Mit Petersilie garnieren.

Sauerkraut-Sprossen-Salat

200 kcal / 800 kJ

Ca. 125 g Weintrauben,

125 g Sauerkraut (frisch aus dem Reformhaus),

2 EL gekeimte Weizenkörner.

Sauce:

2 EL süße Sahne,

1 TL kaltgepreßtes Nußöl,

1 EL Sojasauce,

1 TL Zitronensaft,

Ingwer, weißer Pfeffer,

1 TL glatte Petersilie, gehackt.

Trauben gut waschen, halbieren und Kerne entfernen. Sauerkraut schneiden und mit Trauben und gekeimtem Weizen vermischen.

Saucenzutaten miteinander vermengen, unter den Salat mischen und gut abgedeckt etwas ziehen lassen.

Dieser Salat schmeckt auch mit anderen Körnern und kann gut mit an den Arbeitsplatz genommen werden.

Tip: Traubenrest fürs Müsli. Sauerkrautrest für Auflauf oder als Beilage.

Bunter Salat mit Sprossen

130 kcal / 520 kJ

1–2 EL Keimmischung Alfalfa, Rettich, einige Tage gekeimt,

1 Schalotte,

1 Tomate, 5 Radieschen.

Sauce:

1 TL Zitronensaft, 1–2 TL Olivenöl,

2 TL Senf, etwas Honig,

etwas Meersalz, schwarzer Pfeffer.

Die Schalotte fein würfeln, Tomate und Radieschen waschen und in Scheiben schneiden. Aus Zitronensaft, Öl, Senf, Honig, Salz und Pfeffer eine Sauce herstellen und mit den Sprossen und dem Gemüse vermischen.
Die Sprossen passen auch zu Salaten wie Feldsalat, Endivie, Chicorée und anderen.

Linsensprossen-Salat mit Apfel

100 kcal / 400 kJ

1 mittelgroßer Apfel,

1/2 Tasse Linsen, einige Tage gekeimt,

2 EL Sahne (30 % Fett),

1 EL Zitronensaft,

weißer Pfeffer, Meersalz,

1/2 TL Honig,

Zitronenmelisseblätter oder feine Lauchringe.

Apfel schälen und grob raspeln, mit Linsen vermischen. Aus Sahne, Zitronensaft, Pfeffer, Salz und Honig eine Sauce herstellen. Alles vermengen und mit Melisseblättern oder hauchdünn geschnittenen Lauchringen garnieren.

Tip: Sahnerest fürs Müsli aufbewahren.

FRISCHKOST AUS LÖWENZAHN

120 kcal / 480 kJ

1 Bündel selbstgepflückter Löwenzahn (oder gekauft),
3–4 Radieschen.

Sauce:
1/2 Becher saure Sahne,
1 TL sehr scharfer Senf,
1/2 TL Honig,
1 EL Zitronensaft,
Meersalz, Paprika edelsüß,
feingewiegte Estragonblätter.

Die Stiele der Löwenzahnstauden herauslösen (beim Selbstgepflückten ist dies nicht notwendig), die Blätter waschen und abtropfen lassen. Radieschen waschen und in Scheiben schneiden.
Für die Sauce die Sahne mit den übrigen Zutaten verrühren und locker mit Löwenzahn und Radieschen vermischen. Mit Radieschenscheiben belegen.

SPINATSALAT MIT GEHACKTEM EI

140 kcal / 560 kJ

Ca. 100 g Spinatblätter,
1 kleine Zwiebel.

Sauce:
1 hartgekochtes Ei,
2 EL Sahne (30 % Fett),
1 TL Senf,
1–2 EL Weinessig,
Meersalz, Hefestreuwürze,
weißer Pfeffer,
1 Bund Schnittlauch, geschnitten.

Spinatblätter gründlich waschen, harte Stiele entfernen, Blätter in 2 cm breite Streifen schneiden. Zwiebel schälen und würfeln. Ei trennen, Eigelb zerdrücken, mit Sahne, Senf und Essig verrühren. Salz, Hefestreuwürze, Pfeffer und Schnittlauch zugeben. Die Sauce mit Spinat und Zwiebeln vermengen. Mit gehacktem Eiweiß bestreuen.

Brennesselsalat

130 kcal / 520 kJ

1 Schälchen frisch gepflückte Brennesselblätter,

1 kleine Möhre.

Sauce:

2 EL Zitronensaft,

1/2 TL Apfelsaftkonzentrat,

1 EL kaltgepreßtes Sonnenblumenöl,

weißer Pfeffer aus der Mühle,

1 Knoblauchzehe, zerdrückt.

Brennesseln vorsichtig waschen, abtropfen lassen, wenn nötig, in kleine Stücke rupfen.
Sauce aus Zitronensaft, Saftkonzentrat, Öl, Pfeffer und Knoblauch herstellen. Vorsichtig mit den Brennesseln vermischen. Möhre gut bürsten und grob über den Salat raspeln.

Kohlrabi-Möhren-Frischkost

150 kcal / 600 kJ

1/2 mittelgroße Kohlrabiknolle,

1 Möhre,

1 EL Weinessig,

1 EL kaltgepreßtes Sonnenblumenöl,

1 Knoblauchzehe, zerdrückt,

1/2 TL Senf,

Meersalz, Pfeffer weiß,

einige Basilikumblätter, geschnitten.

Kohlrabi und Möhre waschen, schälen und in sehr dünne Stifte schneiden.
Aus Essig, Öl, Knoblauch, Senf, Salz, Pfeffer und Basilikumblättern eine Sauce herstellen. Kohlrabi und Möhre zugeben und vermengen.

Tip: Kohlrabirest als Zwischenmahlzeit fürs Büro.

Fenchel-Orangen-Frischkost

160 kcal / 640 kJ

1/2 mittelgroße Orange,

1 kleine Fenchelknolle,

1 kleine Möhre,

Sauce:

1 TL Zitronensaft,

Meersalz,

Pfeffer aus der Mühle,

1/2 TL Honig,

1–2 EL kaltgepreßtes Walnußöl,

1 TL gehackte Walnüsse.

Die Orange schälen, halbieren und in dünne Scheiben schneiden (die andere Hälfte fürs Müsli aufheben).
Von der Fenchelknolle die äußeren Blätter entfernen. Das Fenchelgrün zum Garnieren aufbewahren. Die Fenchelknolle halbieren, den harten Strunk entfernen, die Hälften in dünne Scheiben schneiden.
Die Möhre schälen und in sehr feine Stifte schneiden. Alles miteinander mischen.
Zitronensaft, Meersalz, Pfeffer, Honig und Walnußöl miteinander verquirlen und über die Orangen- und Fenchelscheiben träufeln. Mit Fenchelgrün garnieren und mit gehackten Walnüssen bestreuen.

Fenchel-Orangen-Frischkost ▷

Bleichsellerie mit Frischkäse

300 kcal / 1200 kJ

2–3 Bleichselleriestengel,
1 Pfirsich,
1 EL Zitronensaft,
1 EL Nußöl,
weißer Pfeffer,
1 Portion Frischkäse (62 g),
Blattpetersilie.

Bleichsellerie putzen, waschen und in ca. 1 cm breite Stücke schneiden. Pfirsich kurz in kochendes Wasser tauchen, enthäuten und achteln.
Sellerie und Pfirsichachtel abwechselnd in eine Schale geben. Mit Zitronensaft und Öl beträufeln und pfeffern. Frischkäse darüberbröseln und mit Blattpetersilie garnieren.
Dazu frischgebackene Brötchen – ergibt ein herrliches Abendessen. (Abb. oben)

Gurkensalat in Roquefortsauce

250 kcal / 1000 kJ

1/4 Salatgurke oder 1 Gemüsegurke,
5 Radieschen, Schnittlauch.

Sauce:
30–40 g Roquefort,
2 EL heißes Wasser,
1/2 EL Zitronensaft,
1 EL kaltgepreßtes Sonnenblumenöl,
Meersalz, weißer Pfeffer,
etwas Cayennepfeffer.

Gurke, Radieschen und Schnittlauch waschen und in dünne Scheiben bzw. Röllchen schneiden. Roquefort mit heißem Wasser zerdrücken oder mixen. Mit Zitronensaft, Öl, Salz und Pfeffer abschmecken. Die Sauce mit den Gurken- und Radieschenscheiben vorsichtig mischen. Mit Schnittlauch bestreuen.

Bohnensalat mit Apfel

200 kcal / 800 kJ pro Portion

2 Portionen

Ca. 80 g Bohnen, getrocknet (weiße oder braune),

ca. 1 l Wasser,

etwas körnige Hefewürze,

1 kleiner Apfel,

1 rote Paprikaschote,

1 TL grüner Pfeffer,

Sauce:

1/2 Becher saure Sahne,

Saft von 1/2 Zitrone,

Meersalz, Paprikapulver, edelsüß,

1–2 EL Sesam in der Pfanne (ohne Fett), leicht angeröstet.

Bohnen über Nacht einweichen, dann ca. 40 Minuten garen, abgießen und auskühlen lassen. Apfel waschen, mit der Schale in feine Stifte schneiden, ebenfalls die Paprika. Mit dem grünen Pfeffer unter die Bohnen mischen.
Aus Sahne, Zitronensaft, Salz und Paprika eine Sauce herstellen und über den Salat gießen. Mit Sesam bestreuen.

Tip: Sahnerest fürs Müsli.

Möhrenfrischkost mit Nüssen

170 kcal / 680 kJ

1–2 mittelgroße Möhren,

Saft von 1/2 Orange,

3 EL Sahne,

1 Prise Meersalz, eventuell ganz wenig Honig,

Ingwerscheiben von frischer Wurzel,

1 TL grobgehackte Haselnüsse.

Möhre waschen, schälen oder bürsten und raspeln, mit Orangensaft, Sahne, Salz, Honig, Ingwer und Haselnüssen vermischen.

Tip: Restliche Orange auspressen, als Aperitif trinken.

Sauerkrautsalat mit Ananas

200 kcal / 800 kJ

150 g Sauerkraut (Rest von Gemüse oder Auflauf),

2 Scheiben Ananas (Rest für Nachtisch oder für zwischendurch),

2 EL Weißwein oder Zitronensaft,

1/2 TL Honig,

1 EL kaltgepreßtes Nußöl.

Sauerkraut in eine Schüssel geben. Ananas in kleine Stücke schneiden. Mit Weißwein (oder Zitronensaft), Honig und Öl vermengen. Etwas durchziehen lassen.

Tip: Sauerkrautrest für Gemüse oder Auflauf. Ananasrest als Dessert, für zwischendurch oder für Toast.

Linsensalat mit Lauch

220 kcal / 880 kJ pro Portion

2 Portionen

Ca. 80 g Linsen, getrocknet,
ca. 1 l Wasser,
körnige Hefewürze,
1 Möhre,
1 mittelgroße Zwiebel,
1 kleine Stange Lauch,
2 EL Balsamico-Essig,
1 TL mittelscharfer Senf,
2 EL kaltgepreßtes Sonnenblumenöl,
Meersalz, weißer Pfeffer, Petersilie.

Linsen über Nacht einweichen. In leichtgewürztem Wasser ca. 30–40 Minuten garen. In den letzten 10 Minuten die geschälte und gewürfelte Möhren zugeben.
Dann abgießen und auskühlen lassen.
Zwiebel schälen und würfeln. Lauch waschen und in feine Scheiben schneiden, mit den Linsen und Möhre mischen.
Aus Essig, Senf, Öl, Salz und Pfeffer eine Sauce herstellen und mit dem Gemüse vermengen. Einige Zeit durchziehen lassen, zum Schluß mit Petersilie bestreuen.

Tip: Probieren Sie rote Linsen. Sie schmecken köstlich und sind in 10 Minuten gar.

Kartoffelsalat mit Radieschen

190 kcal / 760 kJ pro Portion

2 Portionen

400–500 g Kartoffeln,
1 Bund Radieschen,
1 kleine Zwiebel.

Sauce:
2 EL Essig,
2–3 EL kaltgepreßtes Pflanzenöl,
2 EL heißes Wasser,
Meersalz,
schwarzer Pfeffer aus der Mühle,
1 Bund Schnittlauch.

Kartoffeln waschen und ca. 20 Minuten garen, abkühlen lassen, pellen und in Scheiben schneiden. Radieschen waschen, putzen und in Scheiben schneiden (die Hälfte zurückbehalten).
Die Zwiebel schälen und würfeln.
Aus Essig, Öl, Salz, Pfeffer, Wasser und Schnittlauch eine Sauce herstellen und mit den Salatzutaten vermischen.

Tip: Die Hälfte des Salates für ein Abendessen verwenden, die andere Hälfte gut abgedeckt im Kühlschrank aufbewahren, am nächsten Morgen Radieschen untermischen und am Arbeitsplatz oder als Mittagsmahlzeit verwenden.

◁ Zwei Salate (Rezepte s. o.), die gut mit zum Arbeitsplatz genommen werden können.

Saucen – warm & kalt

Grundrezept

Pro Portion 130 kcal / 520 kJ

2 Portionen

2 EL kaltgepreßtes Pflanzenöl,
1–2 EL feines Weizenvollkornmehl,
$1^1/_4$ Tassen Gemüsebrühe aus Extrakt,
Meersalz, Hefestreuwürze,
1–2 EL Sahne.

Öl mit Mehl in einem kleinen Topf verrühren. Mit Flüssigkeit aufgießen und unter Rühren zum Kochen bringen. Wenn die Sauce gebunden ist, Gewürze und Sahne zugeben.
Auf dieser Grundlage lassen sich schnell auch andere Saucen herstellen.

Tip: Zwei Portionen zubereiten, die dann verschieden abgeschmeckt werden können. Wenn sich durch Aufbewahren eine Haut gebildet hat, einfach mixen.

Varianten

Curry-Mango-Sauce
$^1/_2$ TL Curry und 1 EL gehackten Mangochutney unterziehen.

Käsesauce
2 EL geriebenen Käse oder Käsestücke (Resteverwertung) unterziehen, mit Muskatnuß und Weißwein abschmecken.

Kapernsauce
1 EL gehackte Kapern und 1 Eigelb unterziehen. Mit Zitronensaft würzen.

Kräutersauce
2 EL feingehackte oder geschnittene Kräuter (Dill, Petersilie, Kresse oder Kerbel) unter die Sauce geben. Mit Zitronensaft würzen.

Meerrettichsauce
1 EL Meerrettich (frisch oder aus dem Glas, ungeschwefelt) und wenig Vollzucker einrühren.

Senfsauce
1 EL Senf und etwas Essig zugeben, eventuell mit etwas Vollzucker abrunden.

Champignonsauce

160 kcal / 640 kJ

- 150 g frische Champignons,
- 1 Schalotte,
- 10 g ungehärtete Pflanzenmargarine,
- schwarzer Pfeffer, Meersalz,
- 1 EL Zitronensaft,
- 3–4 EL Sahne,
- 2 EL gehackte Petersilie.

Champignons putzen, blättrig schneiden. Schalotte in Würfel schneiden. Beides in heißem Fett dünsten. Würzen mit Salz, Pfeffer und Zitronensaft. Sahne unterziehen und einige Minuten kochen. Zuletzt Petersilie oder andere Kräuter zugeben.

Tip: Die Sauce paßt zu vielen Nudelgerichten, zu Hirse, Reis und auch zu Blumenkohl, Auberginen oder anderen Gemüsesorten.

Tomatensauce

150 kcal / 600 kJ

- 2 sehr reife Fleischtomaten,
- 1 EL Olivenöl,
- 1 Knoblauchzehe,
- 1 EL Tomatenmark,
- Meersalz, schwarzer Pfeffer,
- eventuell 2 EL Sahne,
- frisches Basilikum.

Tomaten kurz in kochendes Wasser tauchen, enthäuten und würfeln.
Olivenöl erhitzen, zerdrückten Knoblauch andünsten, Tomatenwürfel zugeben und einige Minuten dünsten. Tomatenmark, Salz, Pfeffer und Sahne zugeben. Mit frischem Basilikum bestreuen. Diese Sauce schmeckt vorzüglich zu Nudel- und Reisgerichten.

Apfel-Sahne-Sauce

190 kcal / 760 kJ

- 1 kleiner Apfel,
- 1/2 Becher saure Sahne,
- 2–3 EL süße Sahne,
- 1 EL Rosinen, 1 TL Honig.

Apfel schälen und grob raspeln. Saure Sahne mit süßer Sahne verrühren. Rosinen und Honig zugeben und zuletzt den Apfel. Gut verrühren.
Paßt zu Waffeln und Kartoffelpuffern.

Tip: Sahnerest fürs Müsli.

Knoblauchsauce

180 kcal / 720 kJ

- 1 Becher Sanoghurt oder saure Sahne,
- Meersalz, Pfeffer, sehr wenig Honig,
- 3 Knoblauchzehen, zerdrückt,
- 1 EL geschnittener Dill.

Alle Zutaten gut miteinander verrühren. Dazu passen frisches Gemüse zum Dippen und Vollkornbrötchen.

Grüne Sauce

250 kcal / 1000 kJ

1 Becher Sanoghurt oder saure Sahne,
1 TL Senf,
2–3 EL gehackte Kräuter (Kerbel, Sauerampfer, Dill, Petersilie, Borretsch, Pimpinelle und alles, was Sie in kleinen Mengen bekommen*), (7 Kräuter)
Pfeffer, Meersalz,
1 EL Zitronensaft,
1 hartgekochtes Ei.

Alle Zutaten miteinander verrühren und mit Eischeiben belegen.
Dazu passen viele Gemüsesorten Pellkartoffeln oder Folienkartoffeln.

* **Tip:** Sie können sich Ihre Kräuter im Blumentopf auf dem Fensterbrett oder in Kästen auf dem Balkon ziehen!

Sahnesauce mit frischen Kräutern

180 kcal / 720 kJ

1 Becher Sauerrahm,
Saft von 1/2 Zitrone,
Salz, 1/2 TL Apfelsaftkonzentrat,
Pfeffer aus der Mühle,
2 EL gehackte Kräuter.

Den Sauerrahm mit allen anderen Zutaten gut vermischen. Paßt zu fast allen Salaten.

◁ Gekochte Artischocken mit Saucen und Dips nach Wahl – ein feines Essen an heißen Tagen und mit Freunden!

Tomaten-Dip

100 kcal / 400 kJ

1 Becher Sanoghurt,
2 EL Milch,
1 EL Tomatenmark,
Paprikapulver,
Hefestreuwürze,
1 TL Schnittlauch, geschnitten.

Sanoghurt mit Milch glattrühren und mit Tomatenmark, Paprikapulver und Hefestreuwürze abschmecken. Mit Schnittlauch garnieren.

Walnuss-Sauce

150 kcal / 600 kJ

1 Becher Sauerrahm oder Joghurt,
Saft von 1/2–1 Zitrone,
Salz,
1 TL Honig,
1 Prise Ingwer,
1–2 EL grobgehackte Walnüsse.

Alle Zutaten miteinander verrühren.
Paßt beispielsweise zu Möhren, Fenchel und Weißkohl.

Tip: Um Rohkostsalate fett- und cholesterinarm zubereiten zu können, empfiehlt es sich, statt Eigelb, Öl und Sauerrahm, magere Sauermilch oder Joghurt zu verwenden.

Mayonnaisen-Grundrezept

150 kcal / 600 kJ

Kann **auf Vorrat** zubereitet werden!

1–2 Eigelbe,
1 TL Senf,
Salz, ein wenig Honig,
4–6 EL Öl.

Alle Zutaten sollten Raumtemperatur haben. Zuerst Eigelbe, Senf, Salz und Honig mit dem Handrührer gut verrühren, dann tropfenweise das Öl zugeben. Kühl aufbewahren.
Mayonnaise kann auf Vorrat hergestellt werden. Um sie fettärmer zu machen, kann sie mit Joghurt verlängert werden.
Paßt zu vielen Blattsalaten, Kohl, Gurken und Rettichen.

Tip: Mit Joghurt wird Mayonnaise fettarm.

Remouladensauce

230 kcal / 920 kJ

Grundrezept Mayonnaise,
dazu 1 EL feingehackte Zwiebel,
1–2 EL feingehackte Kräuter,
1 EL Kapern, grüner Pfeffer,
1 TL scharfer Senf,
1 hartgekochtes, feingehacktes Ei.

Als Dip für viele frische Salate.

Tip: Eventuell Sauerrahm oder Joghurt statt Eigelb und Öl verwenden.

Currymayonnaise

150 kcal / 600 kJ

Grundrezept mit 1 EL Mangochutney und 1 TL Curry vermengen.

Paßt zu Chinakohl und Chicorée.

Sauce Vinaigrette

100 kcal / 400 kJ pro Portion

Kann **auf Vorrat** zubereitet werden!

1–2 EL Weinessig,
Meersalz, wenig Honig,
4–5 EL Öl,
schwarzer Pfeffer aus der Mühle.

Alles gut vermischen.
Dazu können zum Schluß
o frischgehackte Salatkräuter
o kleingehackte Zwiebel
o oder Schalotten
o oder Frühlingszwiebeln
o und eventuell zerdrückter Knoblauch
gemischt werden.

Schnelle Suppen

Suppen sind eine Bereicherung für den kleinen Haushalt. Sie lassen sich **vorbereiten**, auf **Vorrat** kochen und sehr gut einfrieren.
Grundlage für die meisten Rezepte ist eine Gemüsebrühe, die Sie selbst zubereiten können: Aus grünem Blattgemüse, Kartoffeln oder Wurzelgemüse wie Petersilienwurzeln, Sellerie, Lauch, Zwiebeln, Möhren, mit Lorbeerblättern, Gewürzkörnern, Liebstöckel und Petersilie (auch Gemüsereste und Schalen eignen sich). Sie läßt sich einige Tage im Kühlschrank aufbewahren. Wenn's schnell gehen soll, nehmen Sie Hefe-Gemüsebrühe-Extrakt (Reformhaus): Pro Portion knapp 1 Teelöffel. Suppengrün (Lauch, Zwiebeln, Möhrenstifte und Kräuter) können Sie portionsweise einfrieren oder in kleine Würfel geschnitten oder grob püriert in Öl anbraten und mit Meersalz konservieren. Es hält sich einige Wochen im Kühlschrank.

Zwiebelsuppe

130 kcal / 520 kJ

- 1 mittelgroße Zwiebel,
- 10 g ungehärtete Pflanzenmargarine,
- 2 Tassen Gemüsebrühe,
- 1 Lorbeerblatt, Wacholderbeeren,
- Pfefferkörner, Meersalz,
- 2–3 EL Weißwein.

Die geschälte Zwiebel in Ringe schneiden. In Fett andünsten, mit Gemüsebrühe aufgießen. Lorbeerblatt, Wacholderbeeren und Pfefferkörner zugeben und etwa 10–15 Minuten garen. Abschmecken mit Meersalz und Weißwein.

Zwiebelsuppe, überbacken

220 kcal / 880 kJ

- Zwiebelsuppe,
- 1 Scheibe Grahambrot,
- 1 Scheibe Käse,
- Paprikapulver.

Suppe in eine feuerfeste Tasse füllen. Mit vorgetoastetem Brot und Käse belegen und bei 220 Grad ca. 10 Minuten überbacken oder im Tischgrill kurz gratinieren (bräunen).

Tip: Lohnt nur, wenn die heiße Backröhre noch anderweitig genutzt wird.

Gemüsesuppe

180 kcal / 720 k

2 Portionen

Ca. 500 g Gemüse (Blumenkohl, Möhren, Lauch, Kohlrabi – oder Reste vom Vortag!),
4–5 Tassen Gemüsebrühe,
Meersalz, Pfeffer, zerstoßener Koriander,
1 EL Essig,
1 EL gehackte Petersilie oder selbstgekeimte Sprossen,
1 l Wasser, 1 Ei.

Gemüse vorbereiten, waschen und zerkleinern. Mit der Gemüsebrühe aufkochen und ca. 10 Minuten garen. Abschmecken mit Salz, Pfeffer und Koriander.
Zwischenzeitlich Wasser erhitzen, Essig zugeben und ein Ei langsam aus einer Schöpfkelle hineingleiten lassen. Ca. 4–5 Minuten garen. Die Hälfte der Suppe in einen tiefen Teller füllen, Ei hineinlegen und mit Petersilie oder Sprossen bestreuen.

Tip: Die zweite Portion kann kühl gestellt und kann am nächsten Tag mit frischen Kräutern und geriebenem Käse gegessen werden.

◁ Gemüsesuppe – ein Thema mit vielen Variationen, je nach Jahreszeit und Geschmack

Kartoffelcreme-suppe

330 kcal / 1320 kJ

Die Hälfte des Kartoffel-Sahne-Pürees, Seite 70,
1 Tasse Milch oder Gemüsebrühe,
10 g ungehärtete Pflanzenmargarine,
1 Scheibe Grahambrot, gewürfelt.

Kartoffelpüree mit Milch oder Gemüsebrühe verdünnen und gut verrühren. Erhitzen und nachschmecken. Margarine erhitzen und Brotwürfel darin goldgelb rösten. Auf der Suppe verteilen.

Möhrencremesuppe

140 kcal / 520 kJ

3 Möhren,
2 Tassen Gemüsebrühe,
Koriander,
Meersalz, weißer Pfeffer,
Kerbel, gehackt,
2–3 EL Sahne,
1 TL Sonnenblumenkerne oder gehackte Haselnüsse.

Möhren kleinschneiden und in Gemüsebrühe ca. 15 Minuten garen. Mixen oder mit dem Pürierstab pürieren. Mit Salz, Pfeffer, Kerbel und Sahne abschmecken. Mit Nüssen bestreuen.

Weisskohlsuppe

140 kcal / 560 kJ
2 Portionen, 1 zum Einfrieren.

- 1/2 Weißkohl,
- 1 Zwiebel,
- 2–3 Kartoffeln,
- 1 Lorbeerblatt,
- Pfeffer, Meersalz, Kümmel,
- 3–4 Tassen Gemüsebrühe,
- 1 TL Butter,
- 1 zerdrückte Knoblauchzehe,
- 1 EL gehackte Petersilie.

Weißkohl vorbereiten (Rest gut abdecken und im Kühlschrank aufbewahren) und feinschneiden. Zwiebel und Kartoffeln schälen, beides in Würfel schneiden.
Mit Pfeffer, Meersalz und Kümmel würzen und in Gemüsebrühe ca. 15–20 Minuten garen. Abschmecken mit Butter, Knoblauch und gehackter Petersilie.

Tip: Rest für Weißkohlrohkost.

Graupensuppe

150 kcal / 600 kJ
4 Portionen, 3 zum Einfrieren!

- 80–100 g Gerstengraupen, 1 l Wasser,
- 20 g ungehärtete Pflanzenmargarine,
- 1 mittelgroße Zwiebel,
- 1 kleine Stange Lauch,
- 1 mittelgroße Möhre,
- Meersalz, Pfeffer, Muskat,
- körnige Hefewürze, Liebstöckel.

Die Graupen über Nacht einweichen. Pflanzenmargarine erhitzen. Das kleingeschnittene Gemüse darin andünsten. Die Graupen mit dem Einweichwasser und dem restlichen Wasser zugeben.
Abschmecken mit Salz, Pfeffer, Muskat und Hefewürze. Ca. 30–40 Minuten garen. Zum Schluß die Liebstöckel-(oder Petersilien-)blätter zugeben.

Tip: Verwenden Sie nach dem Auftauen von Speisen zusätzlich frische Kräuter.

Schrotsüppchen

100 kcal / 400 kJ

- 2 EL grober Weizenschrot,
- 1 Stange Lauch,
- 2 Tassen Gemüsebrühe,
- Hefewürze, Pfeffer, Majoran,
- frischgehackte Petersilie.

Weizenschrot kurz in der Pfanne anrösten (ohne Fett) – kann auf Vorrat hergestellt werden, weil er auch im Müsli sehr gut schmeckt.
Lauch vorbereiten, waschen und in Ringe schneiden. In der Gemüsebrühe mit Hefewürze und Pfeffer etwa 15 Minuten garen. Weizenschrot unterrühren, abschmecken mit Majoran und frischer Petersilie.

Kalte Gurkensuppe

80 kcal / 320 kJ

2 EL Quark (20% Fett),
300 ml Gemüsebrühe,
oder Wasser, mit 1 TL Extrakt vermischt,
1/4 Salatgurke,
1 Knoblauchzehe,
Meersalz,
weißer Pfeffer,
Cayennepfeffer,
1/2 Bund Dill.

Quark mit der Brühe verquirlen. Von der Gurke die Enden abschneiden, das Gemüse gut waschen und grob raspeln. Knoblauchzehe zerdrücken. Alles miteinander verrühren. Mit Salz, Pfeffer und etwas Cayenne abschmecken. Dill waschen, feinhacken oder -schneiden und über die Suppe streuen. Dazu paßt Vollkorntoast mit Knoblauchbutter.

Tips: Quarkrest fürs Frühstück.
Gurken- und Dillrest für Gurkensalat verwenden (siehe Seite 40).

GAZPACHO

150 kcal / 600 kJ / 2 Portionen

3–4 mittelgroße reife Tomaten,
1–2 Tassen Gemüsebrühe,
1/2 Paprikaschote (Rest für Rohkost),
1/4 Salatgurke (Rest für Rohkost),
1 kleine Zwiebel, eventuell 1 Knoblauchzehe,
Kräutersalz, Cayennepfeffer,
2 EL Olivenöl,
2–3 EL Zitronensaft,
2 EL Schnittlauchröllchen.

Tomaten kurz in kochendes Wasser tauchen und enthäuten. Mit der kalten Gemüsebrühe mixen oder mit dem Pürierstab pürieren.

Paprikaschote, Gurke und Zwiebel sehr klein würfeln, Knoblauch fein hacken und zu den Tomaten geben. Mit Kräutersalz, Cayennepfeffer, Olivenöl und Zitronensaft abschmecken. Mit Schnittlauch bestreuen. Die zweite Portion kann mit zum Arbeitsplatz genommen werden.

Evtl. mit Croutons bestreuen.

Eintöpfe – beim zweiten Mal besonders gut

Eintöpfe können Sie »auf Vorrat« kochen, problemlos einfrieren, zweimal davon essen, ihn einfach oder üppig ausstatten und immer neue Kombinationen ausprobieren. Sie können ihn kompakt und herzhaft als Hauptgericht auf den Tisch bringen oder zur Suppe verlängern.
Sie sollten auch hierfür nur beste Zutaten verwenden: frisches Gemüse – eventuell Tiefkühlkost (möglichst aus ökologisch ausgerichtetem Landbau) –, natürlich Vollkornerzeugnisse und viele frische Kräuter, die erst nach dem Garen hinzugegeben werden.

Ideal für Eintöpfe geeignet sind **Hülsenfrüchte.**
Sie haben jedoch eine relativ lange Garzeit und um diese abzukürzen, sollten sie einige Stunden vorgequollen werden. Sie benötigen dann noch zwischen 40 und 60 Minuten Kochzeit. Im Schnellkochtopf sparen Sie ca. die Hälfte der Zeit. Je älter die Hülsenfrüchte sind, desto mehr verlieren sie an Quellfähigkeit und werden nur noch sehr schwer gar.

Gemüseeintopf

250 kcal / 1000 kJ 2 Portionen

1 mittelgroße Kartoffel,
2 mittelgroße Möhren,
1/2 kleine Sellerieknolle mit Grünzeug,
1 kleine Stange Lauch,
1 kleiner Kohlrabi, 1 kleine Zwiebel,
3/4 l Wasser,
1 TL Hefebrüheextrakt,
Meersalz, Pfeffer, Kümmel,
1 Bund glatte Petersilie,
2 Blätter Maggikraut (Liebstöckel),
10 g Butter.

Das Gemüse vorbereiten, waschen und in Würfel bzw. Scheiben schneiden. Alles in einen Topf geben, mit Wasser aufgießen, Hefeextrakt zugeben und ca. 15 Minuten garen lassen. Gewürze zugeben und abschmecken.
Den Eintopf teilen. Eine Hälfte zum Einfrieren auskühlen lassen. Dem Rest die gehackten Kräuter und die Butter zugeben.

Tips: 1× kochen, 2× essen!
Sellerierest für Rohkost.
Alle Gemüse – je nach Jahreszeit können verwendet werden.

Linseneintopf

280 kcal / 1120 kJ
2 Portionen

- Ca. 80–100 g Linsen,
- 1 Bund Suppengrün,
- 2 mittelgroße Kartoffeln,
- 1 mittelgroße Zwiebel,
- 1 Möhre,
- 1/2 l Wasser,
- 3 EL Rotwein oder 1 EL Balsamico-Essig,
- 1 TL Hefebrüheextrakt,
- Thymian, Pfeffer, Meersalz,
- 1 EL Sauermilch oder saure Sahne,
- 1 EL gehackte Petersilie.

Linsen über Nacht einweichen. Am nächsten Tag mit dem Einweichwasser aufsetzen. Inzwischen Suppengrün säubern, Kartoffeln, Zwiebel und Möhre schälen und würfeln. Zu den Linsen geben und ca. 50 Minuten bei geringer Energiezufuhr garen. Rotwein (ersatzweise 2 EL Essig) und Gewürze zugeben. Abschmecken und die Portion teilen. Eine Hälfte in einen tiefen Teller füllen und mit Sauermilch oder saurer Sahne und Petersilie garnieren. Den Rest einfrieren.

Tip: Sahnerest fürs Müsli.

Sojaeintopf

280 kcal / 1120 kJ
2 Portionen

- 80–100 g Sojabohnen,
- 1/2 l Wasser,
- 1 TL Hefebrüheextrakt,
- 10 g ungehärtete Pflanzenmargarine,
- 1 mittelgroße Zwiebel,
- 1 Knoblauchzehe,
- 2 mittelgroße Möhren,
- 1 kleine Knolle Sellerie,
- Kräuter der Provence, Salbei,
- Meersalz, Pfeffer,
- 1 EL geschnittener Schnittlauch.

Sojabohnen über Nacht einweichen. Einweichwasser wegkippen.
In frischem Wasser mit Hefebrüheextrakt aufsetzen und 50–60 Minuten garen. Zwischenzeitlich die gewürfelte Zwiebel und Knoblauch in heißem Fett glasig dünsten. Geschälte und gewürfelte Möhren und Sellerie zugeben und mit wenig Flüssigkeit ca. 15 Minuten garen. Dann zu den Bohnen geben, mit Kräutern der Provence, Salbei, Salz und Pfeffer abschmecken. Portion teilen, die eine Hälfte mit Schnittlauch bestreuen, die andere Hälfte einfrieren.

Tip: Aufgetaute Portion mit frischen Kräutern bestreuen.

Gemüsegerichte – für die Fitness

Um wichtige Geschmacks- und Inhaltsstoffe zu erhalten, ist neben ausgesuchter Qualität und Frische auch die richtige Art der Zubereitung wichtig.
Das Gemüse soll Farbe, Eigengeschmack und »Biß« behalten, deshalb kommt es auf kurze Garzeiten an.
Wählen Sie zwischen unterschiedlichen Garmethoden:

Blanchieren: Vorbereitetes Gemüse wird kurz in kochendes Wasser (2–3 Minuten) gegeben, danach kalt abgeschreckt und weiterverarbeitet. Die Gemüsebrühe kann im Kühlschrank aufbewahrt und für andere Gerichte verwendet werden.

Dünsten: Das vorbereitete Gemüse wird in wenig Flüssigkeit mit oder ohne Fett in geschlossenem Topf zubereitet.

Dämpfen: Das vorbereitete Gemüse wird auf einen Locheinsatz gegeben und unter Dampf zubereitet. Auch der asiatische Bambustopf ist ideal zum Dämpfen.

Bereits gegartes Gemüse **nicht** warm halten. Entweder sofort essen oder möglichst kalt stellen und, wenn es benötigt wird, wieder erwärmen. Dies gilt auch, wenn Rezepte für 2 Portionen vorbereitet werden. Eine Portion gut abgedeckt im Kühlschrank aufbewahren.

Artischocke, »klassisch«

130 kcal / 520 kJ

1 Artischocke,
Salzwasser, Zitrone (unbehandelt),
Sauce nach Wahl (Seite 45 und 47).

Artischocke gut waschen und den Stiel entfernen. In Salzwasser mit 2 Zitronenscheiben ca. 30 Minuten kochen (wenn sich die Blätter lösen, ist sie gar).
Die einzelnen Blätter abzupfen und in eine Sauce dippen. Besonders gut schmeckt der Artischockenboden.
Eine sehr leckere Vorspeise – auch für Gäste.

Aubergine, gebraten

150 kcal / 600 kJ

1 kleine Aubergine,
Pfeffer, Kräuter der Provence,
1 Knoblauchzehe,
2 EL Olivenöl.

Aubergine waschen, der Länge nach in Scheiben schneiden. Mit Pfeffer, Kräutern der Provence und zerdrücktem Knoblauch würzen. In heißem Olivenöl braten.

Tip: Schmeckt auch kalt als Vorspeise.

Bleichsellerie, überbacken

380 kcal / 1520 kJ

- 1 kleine oder 1/2 Staude Bleichsellerie,
- Rest für Rohkost,
- 1/2 Tasse gekochte Roggenkörner oder gekochter Reis,
- 3 EL Sahne,
- 1 Ei, 2 EL geriebener Käse,
- Muskat,
- schwarzer Pfeffer, etwas Meersalz,
- 1 TL gehacktes Selleriegrün.

Sellerie waschen und in ca 2 cm lange Stücke schneiden. In wenig Wasser ca. 10 Minuten dünsten.
Abtropfen lassen und in eine ausgefettete flache Auflaufform geben. Die Körner darüberstreuen. Sahne mit Ei, Käse und den Gewürzen verquirlen und die Masse auf dem Auflauf verteilen. Im vorgeheizten Backofen bei ca. 180 Grad (Gas Stufe 2–3) ca. 20 Minuten überbacken.
Mit Selleriegrün bestreuen.
Dazu paßt grüner Salat.

Tip: Die Körner über Nacht einweichen und dann kochen. Mehr Körner kochen und daraus Müsli oder Salat zubereiten.

Blumenkohl in Käsecreme

220 kcal / 880 kJ

- 1/2 Blumenkohl,
- 1 EL Zitronensaft,
- Meersalz,
- 1 EL Vollkornmehl,
- 2 EL Sahne,
- 1 Eigelb (Eiweiß aufbewahren und für Omelette verwenden),
- 30 g Roquefort oder Gorgonzola,
- glatte Petersilie.

Blumenkohl in Salzwasser mit Zitronensaft in 8 bis 10 Minuten garen (sollte noch »Biß« haben).
Vollkornmehl in der Pfanne ohne Fett erhitzen, bis es duftet. Mit 1/2 Tasse Blumenkohlwasser aufgießen und schnell verrühren, damit es nicht klumpt. Sahne und Eigelb verquirlen und zugeben, nicht mehr kochen. Den zerbröselten Käse und die gehackte Petersilie unterrühren.
Den Blumenkohl in Röschen zerteilen und mit der Sauce begießen.
Dazu paßt Reis.

Tip: Blumenkohlrest für Salat oder Rohkost.

Grüne Bohnen mit Knoblauch

160 kcal / 640 kJ

1 kleine Zwiebel,
1 Knoblauchzehe,
1 EL Olivenöl,
200 g Bohnen,
1 mittelgroße Tomate,
körnige Hefewürze,
Bohnenkraut, schwarzer Pfeffer.

Gehackte Zwiebel und zerdrückten Knoblauch in Öl glasig dünsten.
Bohnen waschen, putzen, wenn nötig, zerkleinern und ca. 10–15 Minuten dünsten. Evtl. wenig Wasser zugießen. Tomate kurz in kochendes Wasser tauchen, enthäuten, würfeln und zu den Bohnen geben, würzen und eventuell mit Butterflöckchen servieren.
Dazu schmecken Ofenkartoffeln.

Variante:
Bohnen statt mit Olivenöl, Knoblauch und Tomate mit Butter und kleingewürfelter Birne vermischen.

Brokkoli mit Nussbutter

160 kcal / kJ

200–250 g Brokkoli,
Vollmeersalz, schwarzer Pfeffer,
2 EL trockener Weißwein,
10 g Butter,
1 TL grobgehackte Haselnüsse.

Brokkoli waschen, in wenig Wasser dünsten. Salz, Pfeffer und Weißwein zugeben. Butter und Haselnüsse über die Brokkoliröschen geben. Dazu schmeckt Kartoffelpüree.

Champignons mit Petersilie

130 kcal / 520 kJ

Ca. 250 g Champignons,
2 EL Weißwein oder 1 EL Zitronensaft,
10 g ungehärtete Pflanzenmargarine,
1 kleine Zwiebel,
Meersalz, weißer Pfeffer,
2 EL gehackte Petersilie oder Kerbel.

Champignons vorbereiten (weiche Stiele abschneiden), kurz waschen und blättrig schneiden. Mit Weißwein oder Zitronensaft beträufeln. Fett erhitzen, gehackte Zwiebel andünsten und Champignons zugeben. Ca. 10 Minuten garen. Mit Salz, Pfeffer und Petersilie oder Kerbel würzen.
Dazu passen Kartoffelsahnepüree und ein grüner Salat wie Frisée oder Römischer Salat.

Variante:
Champignons mit Sahne binden.

Chicorée mit Kokosraspel

200 kcal / 800 kJ

- 2 Stauden Chicorée,
- 2 EL Zitronensaft,
- Meersalz, 1 TL Honig,
- Currysauce (Seite 44)
- 1 EL Kokosraspel, ohne Fett kurz angeröstet.

Chicorée putzen, halbieren und den bitteren Keil herausschneiden. Mit Zitronensaft beträufeln. Mit wenig Wasser ca. 8–10 Minuten garen. Mit Salz und Honig abschmecken.
Die Currysauce herstellen und über den Chicorée gießen. Mit Kokosraspel bestreuen.
Dazu paßt Reis oder Hirse.

Gurken in Tomatensauce

100 kcal / 400 kJ

- 1/2 Salatgurke,
- 1 EL Tomatenmark,
- 1 Knoblauchzehe, Meersalz, Pfeffer,
- 1 EL geschnittener Dill.

Gurke gut waschen, der Länge nach halbieren und in Scheiben schneiden. In wenig Gemüsebrühe ca. 8 Minuten dünsten. Tomatenmark, zerdrückten Knoblauch, Salz und Pfeffer zugeben und nochmals aufkochen lassen. Mit Dill bestreuen. Schmeckt gut zu Hirse oder Polenta.

Tip: Gurkenrest für Rohkost.

Fenchel mit Vollkornsemmelbröseln

200 kcal / 800 kJ

- 1 Fenchelknolle,
- 1/2 Tasse Weißwein oder Gemüsebrühe,
- wenig Meersalz,
- 1 EL Butter,
- 1 TL Vollkornsemmelbrösel.

Fenchelknolle waschen (Fenchelgrün aufbewahren), halbieren und in Weißwein oder Gemüsebrühe ca. 10 bis 15 Minuten garen. Mit Salz abschmecken. Butter zerlassen und Semmelbrösel darin anbräunen. Die Fenchelknolle damit begießen.

Gefüllter Kohlrabi mit Champignons

280 kcal / 1120 kJ

- 1 mittelgroßer Kohlrabi,
- 150 g frische Champignons,
- 1 mittelgroße Zwiebel,
- 10 g ungehärtete Pflanzenmargarine,
- 2 EL Crème fraîche,
- Meersalz, Pfeffer,
- 1 TL Tomatenmark,
- glatte Petersilie oder Maggikraut (Liebstöckel).

Kohlrabi vorsichtig schälen (Herzblätter zurückbehalten), Deckel abschneiden und aushöhlen. In leicht gesalzenem Wasser ca. 15 Minuten garen (mit Deckel). Zwischenzeitlich das Innere kleinschneiden.

Champignons putzen, waschen und in Scheiben schneiden. Zwiebel schälen, würfeln und in heißem Fett glasig dünsten. Champignons und Kohlrabifleisch zugeben und ca. 10 Minuten garen, bis die Flüssigkeit verdunstet ist. Crème fraîche, Salz, Pfeffer, Tomatenmark und gehackte Petersilie unterziehen. Die Masse in die Kohlrabiknolle einfüllen. Dazu paßt Naturreis oder Kartoffelpüree.

Tip: Crème-fraîche-Rest für Apfel-Sahne-Sauce oder Knoblauchsauce verwenden.

Süsse Möhren mit Ingwer

150 kcal / 600 kJ

2–3 Möhren,
10 g Butter,
1 kleine Zwiebel,
3–4 EL Wasser,
1 TL Honig,
ca. 1 TL frische Ingwerscheiben,
eventuell wenig Meersalz.

Möhren schälen und in dünne Scheiben schneiden. Fett erhitzen, die fein gewürfelte Zwiebel darin andünsten. Möhren zugeben und ca. 10 Minuten garen. Mit Honig, hauchdünn geschnittenem Ingwer und wenig Salz abschmecken. Dazu schmeckt Kartoffelsahnepüree.

Lauch-Möhren-Gemüse

120 kcal / 480 kJ pro Portion
2 Portionen

1 Bund Lauch (3 Stangen),
500 g Möhren, Senfkörner,
zerstoßener Koriander, Meersalz,
10 g ungehärtete Pflanzenmargarine,
Petersilie, gehackt.

Lauch putzen, gründlich waschen und in ca. 5 cm lange Stücke schneiden. Möhren, wenn nötig, schälen (ansonsten nur bürsten) und der Länge nach vierteln. In wenig Wasser mit Senfkörnern und Koriander ca. 15 bis 20 Minuten dünsten.
Die Hälfte mit Margarine mischen und mit Petersilie bestreuen.
Dazu passen Getreide- oder Tofubratlinge.

Tip: Den Rest des Gemüses mit der restlichen Petersilie pürieren oder in den Mixer geben. Mit 2 EL Sahne abschmecken und als Gemüsesuppe verzehren.

Ca. 180 kcal/720 kJ

Mangold, gefüllt

200 kcal / 800 kJ

Ca. 200 g Mangold, Meersalz,
1 mittelgroße Zwiebel,
1 EL Weizenschrot,
1 TL Pflanzenmargarine,
1 EL Sonnenblumenkerne,
1 EL geriebener Käse (z. B. Emmentaler),
1 TL Zitronensaft, Pfeffer, Paprikapulver,
3–4 EL süße Sahne.

Mangold waschen, in Salzwasser blanchieren und gut abtropfen lassen. Blätter ausbreiten und die dicken Rippen entfernen. Rippen und Zwiebel in Würfel schneiden und mit Weizenschrot leicht bräunen. Etwas abkühlen lassen, Sonnenblumenkerne und geriebenen Käse zugeben. Mit Zitronensaft, Pfeffer und Paprika abschmecken. Die Masse auf den Blättern verteilen und zusammenrollen. Eventuell mit einem Faden zusammenbinden.

Die Mangoldrouladen in eine feuerfeste Form setzen und mit süßer Sahne oder dem halben Rezept Grundsauce (Seite 44) übergießen und bei 220 Grad C (Gasherd Stufe 3–4) etwa 30 Minuten backen – eventuell zusammen mit Kuchen oder Brötchen, um Energie zu sparen.

Dazu paßt Naturreis.

Pilzragout

160 kcal / 640 kJ

- 150–200 g Austernpilze,
- 1 Knoblauchzehe,
- 2 Schalotten,
- 1 EL Butter,
- Meersalz,
- Pfeffer aus der Mühle,
- 1 EL Sojasauce,
- 2 EL süße Sahne,
- 1/2 Bund glatte Petersilie.

Von den Pilzen die harten Stiele abschneiden, die Hüte mit Küchenkrepp oder einem Tuch abreiben und große Pilze teilen. Knoblauch und Schalotten schälen und kleinschneiden. In heißer Butter glasig dünsten. Pilze zugeben und ca. 15 Minuten dünsten. Abschmecken mit Salz, Pfeffer, Sojasauce und Sahne. Mit gehackter Petersilie bestreuen.
Dazu passen Knödel, Getreideaufläufe und Vollkornnudeln.

Paprika, gefüllt

260 kcal / 1040 kJ

- 1–2 Paprikaschoten,
- 1 Rezept Getreidebratlinge, Seite 78 (1 × für Fülle, 1 × für 3 Bratlinge),
- 1 EL geriebener Käse.

Paprika waschen und teilen. Kerne und Wände herausnehmen und das Gemüse kurz vordünsten. Fülle vorbereiten und in die halben Schoten hineindrücken. Mit geriebenem Käse bestreuen und bei 220 Grad ca. 20 bis 30 Minuten überbacken. Dazu passen Kartoffelnestchen, die gleichzeitig mitgebacken werden können – so wird der Backofen besser ausgenutzt.

Paprikagemüse

140 kcal / 560 kJ

- 1 rote und 1 grüne Paprikaschote,
- 1 mittelgroße Gemüsezwiebel,
- 10 g Butter,
- 1 Fleischtomate, ersatzweise 1 EL Tomatenmark,
- körnige Hefewürze,
- 1 EL gehackte Petersilie.

Paprikaschoten waschen, Kerngehäuse entfernen und die Schoten würfeln. Die Zwiebel schälen, würfeln und in heißem Fett andünsten. Paprika und die enthäutete gewürfelte Tomate zugeben und ca. 10 Minuten garen. Mit Hefewürze und Petersilie abschmecken.
Dazu schmeckt Reis oder Hirse.

Pfifferlinge mit Knoblauch

200 kcal / 800 kJ

2 Schalotten,
200 g frische Pfifferlinge,
10–20 g Butter,
Meersalz, weißer Pfeffer,
körnige Hefewürze,
2 Knoblauchzehen,
2 EL Crème fraîche,
1/2 Bund Kerbel.

Schalotten schälen und würfeln, Pfifferlinge putzen und waschen. Das Fett erhitzen und Schalotten darin andünsten. Pilze und Gewürze zugeben, ebenfalls die geschälten und zerdrückten Knoblauchzehen. 15 Minuten bei geringer Energiezufuhr garen. Crème fraîche zugeben, nochmals abschmecken und mit gehacktem Kerbel bestreuen.

Tip: Kerbelrest für Suppe oder Rohkost.

Rote Bete-Zwiebel-Gemüse

130 kcal / 520 kJ

1 Rote Bete,
1 mittelgroße Zwiebel,
1/2 Tasse trockener Rotwein oder Gemüsebrühe,
2 EL Zitronensaft, 1 TL Senfkörner,
körnige Hefewürze,
Meersalz, evtl. gemahlener Kümmel,
1 TL Butter.

Rote Bete und Zwiebel schälen und in dünne Scheiben schneiden. Mit Rotwein oder Gemüsebrühe und Zitronensaft, Senfkörnern und Hefewürze ca. 20 Minuten dünsten. Abschmecken und Butter zugeben.
Dazu schmecken Kartoffelplätzchen.

Sellerieschelben, gebraten

200 kcal / 800 kJ

1 Sellerieknolle (ca. 500 g),
etwas Vollmeersalz, 1 Ei,
1 EL Vollkornbrösel oder Sesam,
Kokosfett zum Braten.

Sellerieknolle schälen und ca. 40 Minuten kochen (am besten im Schnellkochtopf). Aus der Mitte zwei ca. 1 1/2 cm dicke Scheiben schneiden. Leicht mit Salz bestreuen. Zuerst in verquirltem Ei, dann in Semmelbröseln oder Sesam wenden. Die Panade leicht andrücken und die Scheiben in heißem Fett von beiden Seiten goldgelb braten. Evtl. mit Zitronensaft beträufeln.

Aus dem **Rest** der Sellerieknolle am nächsten Tag eine **Selleriecremesuppe** herstellen:
Sellerie mit 1 Tasse Selleriewasser und 2–3 EL Sahne mixen oder pürieren. Mit frischer Petersilie oder selbstgekeimten Sprossen bestreuen.
140 kcal / 520 kJ

Sauerkrautauflauf

320 kcal / 1280 kJ 2 Portionen

Pflanzenmargarine zum Ausfetten,
350 g Frischkostsauerkraut,
250 g Pellkartoffeln,
2 Eier, 1/2 Tasse Milch,
Meersalz, Pfeffer,
ganzer Kümmel,
50 g geriebener Käse,
1 Bund Schnittlauch, gehackt (jeweils 1/2 Bund).

Tip: Kartoffeln am Vortag kochen.
1× kochen, 2× essen!

Eine Auflaufform ausfetten. Sauerkraut kleinschneiden, die Hälfte in der Form verteilen. Die geschälten Kartoffeln in Scheiben schneiden und einschichten. Mit dem restlichen Sauerkraut abdecken. Eier mit Milch, Salz, Pfeffer und Kümmel verquirlen und über den Auflauf gießen.
Ca. 25 Minuten bei 200 Grad C (Gasherd Stufe 3) backen. Die eine Hälfte mit Käse bestreuen und nochmals 10 Minuten überbacken. Diesen Teil mit Schnittlauch bestreuen und sofort servieren.
Den Rest abkühlen lassen und kühl aufbewahren oder einfrieren. Er muß dann nur noch mit 1–2 EL Wasser beträufelt, mit Käse bestreut und nochmals 10 Minuten überbacken werden.

Spinat in Käsesauce

200 kcal / 800 kJ

- 250 g Blattspinat,
- Meersalz, Muskatnuß,
- 10 g ungehärtete Pflanzenmargarine,
- 1 Schalotte,
- 2–3 EL Weißwein, 3–4 EL Sahne,
- 2 EL geriebener Käse (z. B. Emmentaler),
- schwarzer Pfeffer.

Spinat waschen und in kochendem Wasser kurz blanchieren. Mit Salz und geriebener Muskatnuß abschmecken.
Pflanzenmargarine erhitzen, Schalotte kleinschneiden und darin glasig dünsten. Mit Wein ablöschen und zusammen mit der Sahne einige Minuten einkochen. Käse zugeben, schmelzen lassen und pfeffern. Den Spinat zur Sauce geben.
Dazu schmecken Hirsotto und Grilltomate.

Wirsing, gedünstet

150 kcal / 600 kJ
2 Portionen

- 1/2 Wirsingkopf,
- 1 EL Butter oder ungehärtete Pflanzenmargarine,
- 1 mittelgroße Zwiebel,
- 1/2 Tasse Gemüsebrühe,
- Meersalz,
- 1 EL Sojasauce.

Wirsing vorbereiten, waschen, Strunk entfernen und den Kohl in breite Streifen schneiden. Zwiebel schälen, würfeln und in heißem Fett andünsten. Wirsing zugeben, mit Gemüsebrühe angießen und ca. 10 Minuten garen. Abschmecken mit wenig Salz und Sojasauce.

Tip: Eine Portion im Kühlschrank für den nächsten Tag aufbewahren. Dann mit Gemüsebrühe verlängern und als **Suppe** essen.

Zwiebelgemüse

220 kcal / 880 kJ

- 2–3 mittelgroße Zwiebeln,
- 1 TL Butter,
- 1/2 Tasse Gemüsebrühe,
- Meersalz, zerstoßener Koriander,
- 1/2 Becher saure Sahne (Rest fürs Müsli),
- 1 Eigelb (Eiklar für Omelette),
- 1 TL gehackte Petersilie.

Zwiebeln schälen und in Ringe schneiden. In Butter leicht andünsten. Mit Gemüsebrühe angießen, etwa 10 Minuten dünsten. Mit Salz und Koriander abschmecken. Sahne mit Eigelb verquirlen und unterziehen. Mit Petersilie bestreuen.

Zucchinigemüse

140 kcal / 560 kJ 2 Portionen

1 mittelgroße Zwiebel,
1 TL Pflanzenmargarine,
2–3 Zucchini,
2 mittelgroße Tomaten,
Meersalz,
schwarzer Pfeffer, frisches Basilikum,
etwas Oregano, getrocknet,
1 Knoblauchzehe,
1 EL Sauerrahm.

Zwiebel würfeln und in heißem Fett goldgelb dünsten. Zucchini waschen und in ca. 2 cm breite Streifen schneiden. Tomaten kurz in kochendes Wasser tauchen, enthäuten und würfeln. Gemüse zu den Zwiebeln geben und ca. 10 Minuten dünsten. Würzen mit Salz, Pfeffer, Basilikum, Oregano und zerdrücktem Knoblauch.
Eine Hälfte mit einem Klacks saurer Sahne mischen und zu Polenta servieren.

Tip: Die andere Hälfte kann am nächsten Tag, mit Gemüsebrühe verdünnt, als **Suppe** gegessen werden.

Kartoffel – die tolle Knolle

Interessant sind die vielen **Variationsmöglichkeiten** der Kartoffel. Ob als Hauptgericht oder als Beilage, es gibt die unterschiedlichsten Rezepte dafür. Wichtig ist, daß die Kartoffeln in der Schale gegart werden. So bleiben Geschmacks- und andere Inhaltsstoffe erhalten.

Blechkartoffeln

150 kcal / 600 kJ

2 mittelgroße Kartoffeln,
Sonnenblumenöl, Meersalz,
Pfeffer, Kümmel.

Die Kartoffeln gut waschen und bürsten. Halbieren, auf ein leicht eingeöltes Backblech setzen, würzen und im Backofen bei 200 Grad C (Gasherd Stufe 3) ca. 30–40 Minuten (je nach Sorte) backen.

So schmecken sie:

- mit Butter und frischen Kräutern,
- mit Frischkäse oder Roquefort,
- mit Kräuterquark, (siehe Abb.),
- mit Sauerrahm, natur,
- mit Sesambutter
- mit Sprossen-Quark-Dip, Seite 24.

Tip: Die Kartoffeln mit Brot, Brötchen oder Kuchen backen – das spart Energie.

Kartoffelgulasch

pro Portion 350 kcal / 1400 kJ
2 Portionen

Ca. 500 g Kartoffeln,
2 mittelgroße Zwiebeln,
350 ml Gemüsebrühe (aus Extrakt),
Meersalz, weißer Pfeffer,
Edelsüß-Paprikapulver,
1 Becher saure Sahne,
1 Bund Schnittlauch.

Kartoffeln schälen und in gleichmäßige Würfel schneiden. Fett erhitzen, die gewürfelten Zwiebeln darin glasig dünsten. Kartoffelwürfel zugeben und mit Gemüsebrühe auffüllen. Bei geschlossenem Deckel ca. 20 Minuten garen. Dann mit Salz, Pfeffer und Paprika abschmecken. Die saure Sahne unterziehen und mit geschnittenem Schnittlauch bestreuen.
Dazu paßt ein Rohkostteller.

Kartoffel-Sahne-Püree

220 kcal / 880 kJ
2 Portionen

400–500 g Kartoffeln, als Pellkartoffeln gekocht,
¼ l Milch,
körnige Hefewürze,
Muskatnuß, Meersalz,
1 EL geschnittener Dill,
3–4 EL Sahne.

Kartoffeln sofort pellen und in die sehr heiße Milch drücken (Kartoffelpresse) oder reiben. Mit Hefewürze, Muskat und Salz abschmecken und kräftig schlagen (Schneebesen oder Elektroquirl), Dill und Sahne unterziehen. Das Püree teilen.
Aus der zweiten Hälfte können Sie die nachstehenden Rezepte zubereiten (siehe auch Kartoffelcremesuppe, Seite 51).

Kartoffelplätzchen

360 kcal / 1440 kJ

Ca. die Hälfte des Pürees,
1–2 EL Quark,
1–2 EL Vollkornmehl,
eventuell noch Gewürze oder frische gehackte Kräuter, Kokosfett.

Kartoffelpüree mit Quark und Mehl verrühren, eventuell nachschmecken und 2–3 Plätzchen formen. In heißem Fett von beiden Seiten goldgelb braten.
Dazu paßt ein Pilzgericht.

Kartoffelnestchen

370 kcal / 1480 kJ

Ca. die Hälfte des Pürees,
1 Ei, 1 EL Vollkornmehl,
1 EL geriebener Käse.

Kartoffelpüree mit Ei und Mehl verrühren. Kleine Nestchen auf ein gefettetes Backblech spritzen und mit Käse füllen. Bei 200 Grad ca. 15 Minuten überbacken.
Paßt zu jungen Möhren oder gefüllten Auberginen, die man gleich mitbacken kann.

Kartoffelpuffer

pro Portion 350 kcal / 1400 kJ

Ca. 250 g Kartoffeln,
1 Ei, 1 EL Vollkornmehl,
etwas Thymian oder ½ Bund Schnittlauch, Meersalz,
Pfeffer, Kokosfett zum Braten.

Kartoffeln schälen, waschen und reiben. Mit Ei, Mehl und den Gewürzen vermengen. In einer Pfanne das Fett erhitzen und die Puffer nacheinander darin ausbacken. Herausnehmen und auf Küchenpapier etwas abtropfen lassen.
Dazu paßt Apfelkompott oder eine Apfel-Sahne-Sauce (siehe Seite 45).

Nudeln – natürlich aus Vollkorn

Vollkornspätzle

pro Portion 380 kcal / 1520 kJ

4 Portionen

3–4 Eier, 1 TL Meersalz,

ca. 150 ml Wasser oder mehr,

350 g feingemahlenes Weizen- oder Dinkelmehl.

Eier mit Salz und Wasser verrühren. Nach und nach mit dem Mehl vermischen. Den Teig ca. 40 Minuten ausquellen lassen. Dann kräftig durchrühren, eventuell noch etwas Flüssigkeit zugeben. Der Teig muß »schwerflüssig« sein.
Den Teig portionsweise auf ein kalt abgespültes Holzbrett streichen und mit einem breiten Messer Spätzlestreifen in das siedende Salzwasser schaben.
Bei geringer Energiezufuhr sollen die Spätzle, nachdem sie an die Oberfläche gekommen sind, noch etwa 5 Minuten sieden (Vollkornspätzle brauchen etwas länger als Weißmehlspätzle).
Mit der Schaumkelle herausnehmen, kurz in heißem Wasser schwenken und zum Abtropfen in ein Sieb geben.

Tip: 1× kochen, 4× essen!
Die Spätzle in vier Portionen teilen.
Eine Portion in heißer Butter mit Knoblauch, Kräutern, Tomatenmark, Sesam oder Hefepaste schwenken und mit Salat servieren.
Zwei Portionen einfrieren: vor der Zubereitung kurz in kochendes Salzwasser geben und mit einer Sauce servieren.
Aus der vierten Portion machen Sie am nächsten Tag:

Käsespätzle

450 kcal / 1800 kJ

1 Portion Spätzle,

10 g ungehärtete Pflanzenmargarine,

1 kleine Zwiebel,

30 g geriebener Käse (45 % Fett i. Tr., Reste).

Pflanzenfett in der Pfanne erhitzen, die kleingehackte Zwiebel darin glasig dünsten, Spätzle und Käse hinzugeben und so lange in der Pfanne lassen, bis der Käse zerlaufen ist. Käsespätzle können auch im Backofen, zusammen mit einem anderen Gericht, gebacken werden.
Dazu paßt ein Rohkostteller.

Vollkornspaghetti mit Spinat

pro Portion 450 kcal / 1800 kJ
2 Portionen

- 1/2 Packung Tiefkühl-Blattspinat,
- Meersalz, schwarzer Pfeffer, Muskatnuß,
- 100 g Vollkornspaghetti, Meersalz,
- 30 g geriebener Käse (45 % Fett),
- 2 EL saure Sahne (Rest fürs Müsli).

Spinat auftauen und mit Salz, Pfeffer und Muskat würzen.
Mittlerweile 2 l Wasser zum Kochen bringen, leicht salzen und die Spaghetti (10–12 Minuten) kochen, abtropfen lassen und wieder in den Topf zurückgeben. Zuerst Spinat, dann Käse, die Sahne und die gehackten Kräuter unterheben. Umrühren, bis der Käse zerschmolzen ist.
Dazu paßt ein Rohkostteller.

Tip: Andere Hälfte zu Rahmspinat mit Spiegelei.

Nudelomelette

pro Portion 500 kcal / 2000 kJ
2 Portionen

- Ca. 100 g Vollkornhörnchen,
- 1 l Salzwasser,
- 1 kleine Zwiebel, gewürfelt,
- 1 mittelgroße Zucchini, in Scheiben geschnitten,
- 10 g ungehärtete Pflanzenmargarine,
- 1 zerdrückte Knoblauchzehe, Pfeffer,
- Kräuter der Provence,
- 1–2 Eier, 2 EL Milch,
- 2 EL geriebener Käse,
- Kokosfett zum Braten.

Die Nudeln in Salzwasser ca. 10 Minuten garen, gut abtropfen lassen. Zwiebelwürfel und Zucchinischeiben in heißer Pflanzenmargarine andünsten und ca. 10 Minuten garen. Abschmecken mit Knoblauch, Pfeffer und Kräutern der Provence.
Ei mit Milch verquirlen. Käse zugeben. Pflanzenfett erhitzen, und aus Nudeln, Zucchini und Ei-Käse-Masse ein Omelette braten.
Dazu paßt Romana- oder Kopfsalat.

Bandnudeln mit Kräutern und Pilzen

pro Portion 450 kcal / 1800 kJ
2 Portionen

- Ca.100 g Vollkornbandnudeln,
- Salzwasser,
- 1 kleine Zwiebel,
- 150 g frische Champignons,
- 1 Bund Petersilie,
- 10 g ungehärtete Pflanzenmargarine,
- 50 g Crème fraîche (Rest fürs Müsli),
- Meersalz, weißer Pfeffer, Cayennepfeffer.

Nudeln in Salzwasser ca. 10 Minuten garen. Abtropfen lassen und warm stellen. Zwischenzeitlich Zwiebel schälen und würfeln, Champignons putzen, waschen und blättrig schneiden. Petersilie waschen und hacken. Zwiebelwürfel und Pilze in heißer Pflanzenmargarine glasig dünsten und ca. 10 Minuten garen. Gehackte Petersilie und Crème fraîche zugeben und mit Salz, Pfeffer und Cayennepfeffer abschmecken. Nudeln mit der Sauce vermischen und servieren. Dazu paßt Tomatensalat.

Tip: Mehr Nudeln kochen, den Rest für Salat oder Nudelomelette verwenden.

Vollkornspaghetti mit Spinat ▷

Gemüse-Puffer

Möhrenpuffer

220 kcal / 880 kJ

1–2 mittelgroße Möhren,
1 Ei, 1–2 EL Weizenvollkornmehl,
Meersalz, 1 EL gehackte Petersilie,
1 Liebstöckelblatt, gehackt,
Kokosfett zum Braten.

Möhren waschen und raspeln, mit Ei, Mehl, Salz, Petersilie und Liebstöckel vermischen. Mit dem Löffel kleine Küchlein in das heiße Pflanzenfett geben und von beiden Seiten goldgelb braten.
Das Rezept ergibt 4 Puffer, die gut zu Kartoffelpüree passen.
Die Puffer schmecken auch kalt und können mit zum Arbeitsplatz genommen werden.

Tip: Auch Rote Bete und Steckrüben eignen sich für Gemüsepuffer.

◁ Gemüsepuffer mit frischem Schnittlauch und Möhrengemüse

Zucchini-Puffer

220 kcal / 880 kJ

1–2 Zucchini (ca. 150 g),
1 TL Zitronensaft,
1 Ei, 2 EL Weizenvollkornmehl,
Meersalz, schwarzer Pfeffer,
Knoblauchpulver,
Kokosfett zum Braten.

Zucchini waschen, die Stielansätze wegschneiden, raspeln, mit einem Küchentuch leicht betupfen und mit wenig Zitronensaft beträufeln.
Ei und Weizenmehl zugeben, verrühren und mit Salz, Pfeffer und Knoblauchpulver würzen.
Fett in der Pfanne erhitzen. Teig löffelweise hineingeben, etwas flachdrücken und auf beiden Seiten goldgelb braten. Herausnehmen und kurz auf Küchenpapier legen, damit das überschüssige Fett aufgesaugt wird.
Rezept ergibt ca. 3 bis 4 Puffer, die mit Salat ein herrliches Mittagessen ergeben.

Pfannkuchen

Die Herstellung ist einfach, denn Eier und die übrigen Zutaten sind fast immer im Hause, und mit wenig Aufwand sind Pfannkuchen schnell gebraten.

Der Teig muß dickflüssig sein und sollte etwas **Zeit zum Ruhen** haben. Wollen Sie einen lockeren Pfannkuchen, dann trennen Sie die Eier und geben erst zum Schluß die steifgeschlagenen Eiklar zu.

Zum Braten empfiehlt sich ungehärtetes Kokosfett.

Als Füllung eignen sich süße und pikante Zutaten:

Z. B. Konfitüre, Honig, Rübenkraut, Ahornsirup oder Kompott, eingeweichtes Trokkenobst oder Obstsalat. Gemüseragout, Sojasauce, Käse, Pilze, Spargel oder Kräuter.

Grundrezept

300 kcal / 1200 kJ

- 2 Eier,
- Vollmeersalz,
- 100 ml Milch,
- 3 EL Weizenvollkornmehl,
- 1 Messerspitze Backpulver,
- je nach Rezept Meersalz, Muskat oder Vanille oder Honig,
- Kokosfett zum Braten.

Eier, Salz, Milch, Mehl, Backpulver und die Gewürze mit dem Schneebesen oder Elektroquirl verrühren. Kokosfett in der Pfanne erhitzen. Den Teig mit einer Schöpfkelle hineingeben und von beiden Seiten goldgelb braten.

Pfannkuchen mit Spinat gefüllt

480 kcal / 1920 kJ

- Pfannkuchengrundrezept,
- 150 g Spinat,
- 1 kleine Zwiebel,
- 10 g ungehärtete Pflanzenmargarine,
- 1 EL Sonnenblumenkerne,
- Meersalz, Pfeffer, Muskat,
- 1 EL geriebener Käse.

Spinat vorbereiten und waschen. Zwiebel kleinschneiden und in Fett glasig dünsten. Den abgetropften Spinat zugeben, ca. 10 Minuten dünsten. Sonnenblumenkerne zugeben und abschmecken. Zwischenzeitlich den heißen Pfannkuchen mit geriebenem Käse bestreuen, den Spinat darauf verteilen und zusammenklappen.
Dazu paßt eine Möhrenrohkost.

Pfannkuchen mit Champignons gefüllt

450 kcal / 1800 kJ

- Pfannkuchengrundrezept,
- 150 g Champignons, 1 Schalotte,
- 10 g ungehärtete Pflanzenmargarine,
- 1 Schuß Weißwein,
- Sojasauce, 1 EL süße Sahne,
- Meersalz, körnige Hefewürze,
- 1 EL Sprossen (siehe Seiten 34).

Champignons putzen, waschen und in Scheiben schneiden. Schalotte würfeln und beides in heißem Fett dünsten. Wein, Sojasauce und Sahne zugeben. Etwa 10 Minuten garen. Abschmecken mit Salz, Hefewürze. Die Sprossen (z. B. Rettich) untermischen. Auf dem heißen Pfannkuchen verteilen und zusammenklappen. Dazu paßt Feldsalat.

Pfannkuchen mit Obst gefüllt

450 kcal / 1800 k

- Pfannkuchengrundrezept,
- 2 Kiwis oder 200 g Erdbeeren,
- 1 EL Crème fraîche,
- 1 TL Honig, 1 TL Mandelsplitter.

Kiwis oder Erdbeeren vorbereiten und in Stücke schneiden.
Pfannkuchen backen, mit Honig beträufeln, Crème fraîche, Früchte und Mandeln in die Mitte geben und zusammenklappen.
Variante: Unter den Pfannkuchenteig feingeschnittene Apfelscheiben geben, mit etwas Honig süßen und Pfannkuchen backen.

Getreidebratlinge

Getreidebratlinge

je 180 kcal / 720 kJ
2 Portionen

80 g Getreide, grob geschrotet
(z. B. Grünkern, Naturreis, Hirse u. a.),
200 ml Wasser, Meersalz, 1 Lorbeerblatt,
1/2 TL Gemüsebrüheextrakt, 1 Ei,
2 EL Quark,
1–2 EL Vollkornsemmelbrösel,
Pfeffer, 1 kleine Zwiebel, gehackt,
2 EL gehackte Petersilie,
Kokosfett zum Braten.

Getreideschrot in Wasser mit Salz, Lorbeerblatt und Gemüsebrüheextrakt aufkochen und ca. 15 bis 20 Minuten bei geringer Energiezufuhr ausquellen lassen.
Die Masse abkühlen lassen, Ei, Quark, Brösel, Pfeffer, Zwiebel und Petersilie untermengen. Pikant abschmecken, dann 6 flache Bratlinge (eventuell mit Hilfe von Bröseln) formen. Von beiden Seiten goldgelb braten.
2–3 Bratlinge sind als **Beilage** zu Gemüsegerichten gedacht (siehe nebenstehende Abbildung mit Möhren-Lauch-Gemüse).
3–4 Bratlinge können **kalt am nächsten Tag** mit Senf, Gurken, Tomaten- oder Paprikascheiben gegessen werden.

Getreide-Gemüse-Bratlinge

190 kcal / 760 kJ

Grundmasse wie Getreidebratlinge,
2 EL Sonnenblumenkerne,
1 mittelgroße Möhre, geraspelt,
1 Stange Lauch, in Ringe geschnitten,
eventuell frische Pilze,
1 EL gehackter Liebstöckel,
1 Ei, 1–2 EL Semmelbrösel,
Pfeffer, Meersalz, 1 EL Sojasauce,
Hefebrüheextrakt, Kokosfett zum Braten.

Zubereitung wie Getreidebratlinge. Die zusätzlichen Zutaten einarbeiten, abschmekken, Bratlinge formen und ausbraten. Diese Bratlinge sind etwas lockerer als reine Getreidebratlinge.

Variante: Unter die Getreidemasse 1 kleine Zucchini raspeln. Frühlingszwiebelringe und etwas Oregano zugeben. Sojasauce dann weglassen. Oder Käsewürfel, Nüsse oder Sprossen unter die Masse mischen.

Getreidebratlinge mit Lauch-Möhren-Gemüse (Rezept S. 61) ▷

Mit Vollkorn kochen

Grundrezept für Getreide

Als Beilage rechnen Sie ca. 60 g und als Hauptgericht ca. 80 g für eine Mahlzeit.
Um Energie zu sparen, bereiten Sie jeweils größere Portionen zu, die dann portioniert eingefroren oder für Anschlußrezepte verwendet werden können.
Gefrorenes Getreide muß vor dem Verzehr nur kurz in kochendes Wasser getaucht werden.

Weizen und Dinkel über Nacht einweichen und mit dem Einweichwasser ca. 45 Minuten kochen. Ankochen und dann bei geringer Energiezufuhr ausquellen lassen. (Schnellkochtopf nur ca. 20 Minuten.)

Roggen über Nacht einweichen und mit dem Einweichwasser ca. 50 Minuten garen.

Hafer über Nacht einweichen und mit dem Einweichwasser 30 Minuten garen.

Gerste über Nacht einweichen und mit dem Einweichwasser ca. 40 Minuten garen.

Naturreis ca. 45 Minuten kochen.

Hirse heiß abwaschen, ca. 30 Minuten bei geschlossenem Deckel garen.

Buchweizen heiß überbrühen und ca. 20 Minuten garen.

Wenn die Körner vorher gedarrt wurden, verkürzt sich die Garzeit um etwa 10 Minuten.

Roggen-Salat mit Roquefort-Dressing

pro Portion 250 kcal / 1000 kJ
2 Portionen

Ca. 80 g Roggenkörner,
1 mittelgroße reife Birne, Zitronensaft,
1 rote Paprikaschote.

Sauce:

50 g Roquefortkäse,
1 Becher Sanoghurt, 3,5 % Fett,
Meersalz, weißer Pfeffer,
1/2 Bund glatte Petersilie.

Roggenkörner über Nacht einweichen und am nächsten Tag mit dem Einweichwasser ca. 50 Minuten kochen.
Birne schälen und würfeln, mit Zitronensaft beträufeln. Paprikaschote waschen, Kerne entfernen und die Schote ebenfalls würfeln. Roquefort mit 1 bis 2 EL heißem Wasser zerdrücken und mit Sanoghurt, Salz und Pfeffer glattrühren. Alles miteinander vermengen. Die eine Hälfte mit gehackter Petersilie bestreuen, die andere Hälfte gut abgedeckt im Kühlschrank aufbewahren und mit zum Arbeitsplatz nehmen.

Tip: 100 g Roquefort einkaufen und den Rest als Brotbelag verwenden.

Bunter Körnersalat

pro Portion 280 kcal / 1120 kJ
2 Portionen

Grundrezept Getreide (Seite 80) wahlweise mit Weizen, Roggen, Gerste oder Hafer,
1 Tomate, 1 Essiggurke,
1 kleine Zwiebel, 5 Radieschen,
1 Bund Schnittlauch.

Sauce:

2 EL kaltgepreßtes Sonnenblumenöl,
Saft einer 1/2 Zitrone,
Meersalz, 1 TL Senf, 1 Prise Vollzucker,
1 Knoblauchzehe, zerdrückt.

Tomate, Gurke, Zwiebel und Radieschen würfeln, Schnittlauch in Röllchen schneiden.
Aus Öl, Zitronensaft, Salz, Senf, Vollzucker und Knoblauch eine Sauce herstellen und mit dem Getreide und den anderen Zutaten vermischen.
Eine Portion fürs Abendessen mit zwei Eihälften, die zweite Portion für den Arbeitsplatz (siehe Abb. Seite 80).

Tip: Getreidesalate können auch mit Crème fraîche oder einer »lieblichen« Sauce abgeschmeckt werden.

◁ Bunter Körnersalat

Pikante Buchweizengrütze

280 kcal / 1120 kJ

- 1/4 l Milch,
- 60 g Buchweizengrütze,
- Meersalz, 1 TL Hefebrüheextrakt,
- 10 g Butter, 2 EL gehackte Kräuter.

Milch zum Kochen bringen, die Grütze einstreuen, Meersalz und Hefebrüheextrakt zugeben und zirka 20 Minuten ausquellen lassen.
Butter und Kräuter zugeben. Paßt zu vielen Gemüsegerichten.

Grünkernklösse

pro Portion 300 kcal / 1200 kJ
2 Portionen

- 125 g Grünkern, grob geschrotet,
- 1/2 l Wasser, Meersalz,
- 1 Lorbeerblatt,
- 1 Zwiebel, grob zerschnitten,
- 1 TL Hefebrüheextrakt,
- 1 Ei, 1 EL Quark,
- 1 EL gehackte Kräuter,
- 1 zerdrückte Knoblauchzehe,
- Meersalz, Pfeffer,
- 20 g Butter,
- 1 EL Sesam.

Grünkernschrot und Lorbeerblatt, Zwiebeln, Hefebrüheextrakt und Salz in kochendes Wasser geben. Aufkochen und ca. 15 Minuten ausquellen lassen (Vorsicht, die Masse brennt leicht an!), dann lauwarm abkühlen lassen.
Mit Ei, Quark, Kräutern, Knoblauch, Salz und Pfeffer vermischen und aus der Masse ca. 4–6 Klöße formen. In kochendes Salzwasser geben und ca. 15 Minuten darin ziehen lassen. Gut abgetropft auf einen Teller geben.
Die Butter zerlassen und den Sesam ohne Fett leicht in der Pfanne anrösten.
2–3 Knödel mit Butter begießen, mit Sesam bestreuen.
Dazu paßt Pilz- oder Gemüseragout.
2–3 Knödel abkühlen lassen und einfrieren.

Hirsotto

230 kcal / 920 kJ

- 60 g ganze Hirse,
- 10 g ungehärtete Pflanzenmargarine,
- 1 kleine Zwiebel, gewürfelt,
- 1 kleine Möhre, gewürfelt,
- 1 Lorbeerblatt, 120 ml Wasser,
- Meersalz, Hefebrüheextrakt.

Hirse im Sieb waschen; in heißem Pflanzenfett zusammen mit Zwiebel- und Möhrenwürfeln andünsten. Salz, Lorbeerblatt und Hefeextrakt zugeben und mit kochendem Wasser aufgießen. Aufkochen lassen und bei geringer Energiezufuhr ca. 30 Minuten garen.
Paßt zu vielen Gemüsegerichten und zu Sojaragout.

Tip: Die Hirse heiß waschen!

Hirse-Gemüse-Auflauf

pro Portion 350 kcal / 1400 kJ
2 Portionen

120 g Hirse nach Grundrezept, S. 80,
150 g Champignons,
100 g frische Erbsen,
10 g Butter, 1 kleine Zwiebel,
1 Ei, 1 Becher saure Sahne,
1 Knoblauchzehe,
Meersalz, Pfeffer,
Paprikapulver, Basilikum,
1 EL geriebener Käse.

Hirse nach dem Grundrezept garen.

Champignons putzen, waschen und blättrig schneiden. Zwiebel schälen und würfeln. Zusammen mit den Erbsen in heißem Fett andünsten. Mit wenig Wasser 5–10 Minuten garen. Dann mit der Hirse vermischen. In eine gefettete Auflaufform füllen. Ei mit Sahne, den Gewürzen und dem zerdrückten Knoblauch verrühren und auf der Hirse verteilen. Mit Käse bestreuen und bei 200 Grad (Gas Stufe 3) ca. 20 Minuten überbacken. Der Auflauf kann gleichzeitig mit Brot oder Brötchen gebacken werden. Dazu paßt grüner Salat.
1 Portion kann eingefroren werden.

Polenta

pro Portion 250 kcal / 1000 kJ
2 Portionen

1/2 l Wasser,
1 TL Meersalz,
120 g Maisgrieß.

Wasser zum Kochen bringen. Salz und Maisgrieß zugeben und bei geringer Energiezufuhr ca. 20 Minuten ausquellen lassen. (Vorsicht, daß die Polenta nicht anbrennt!)
Die Hälfte in eine Schüssel geben und mit 1 EL Honig abschmecken. Mit gehackten Nüssen bestreuen. Mit eingeweichten Trockenfrüchten servieren.
Den Rest mit 1 TL *Hefebrüheextrakt* abschmecken und auf einem Frühstücksbrettchen ca. 2 cm dick ausstreichen. Am nächsten Tag in der Pfanne ausbacken.

Tip: 1× kochen, 2× essen!

Polentaschnitten, mit Käse überbacken

300 kcal / 1200 kJ

Polenta, 2 Tomaten,
30 g geriebener Käse.

Die ausgestrichene Polenta mit Tomatenscheiben belegen und mit Käse überstreuen. Ca. 10–15 Minuten überbacken (mit Brötchen oder Kuchen backen, um den Backofen auszunutzen). Oder die rund ausgestochene Polenta dachziegelartig mit den Tomatenscheiben in einer Auflaufform überbacken (siehe Abb.).

Polenta (süss)

pro Portion 350 kcal / 1400 kJ
2 Portionen

Polenta nach Grundrezept,
Schale von einer unbehandelten Zitrone,
2–3 EL Honig,
1–2 EL Ahornsirup oder Fruchtsaftkonzentrat,
gehackte Nüsse oder Kerne.

Polenta nach Grundrezept zubereiten. Gemüsebrühe gegen Wasser austauschen, Salz reduzieren und die Schale von einer unbehandelten Zitrone mitkochen. Etwas abkühlen lassen.
Mit Honig, Ahornsirup oder Fruchtsaftkonzentrat vermischen. Mit gehackten Nüssen oder leicht angerösteten Sonnenblumenkernen oder Sesam verfeinern.
Dazu paßt eingeweichtes Trockenobst oder auch frisch zubereiteter Obstsalat.

Hafer mit Nüssen und Honig

300 kcal / 1200 kJ

1/2 Tasse ganze Haferkörner,
1 Tasse Wasser,
1 Zitronenspirale,
1 EL Rosinen,
Naturvanille, 1 EL Honig,
1 EL grobgehackte Haselnüsse,
2–3 EL süße Sahne.

Hafer in Wasser aufkochen und ca. 30 Minuten ausquellen lassen. Nach 20 Minuten die Zitronenspirale und die Rosinen zugeben, mit Vanille, Honig und Nüssen abschmecken. Mit flüssiger Sahne übergießen und dazu frischen Obstsalat oder Kompott essen.

Risotto 230 kcal / 920 kJ

10 g ungehärtete Pflanzenmargarine,
1 kleine Zwiebel,
60 g Naturreis,
1 TL Hefebrüheextrakt,
Meersalz, Pfeffer, 180 ml Wasser,
1 EL gehackte Petersilie.

Pflanzenfett erhitzen, die kleingehackte Zwiebel und den Reis darin glasig dünsten. Mit kochendem Wasser aufgießen und Hefebrüheextrakt, Salz und Pfeffer zugeben. Aufkochen und ca. 40 Minuten kochen lassen.
Mit gehackter Petersilie mischen.

Risotto-Variationen

Risotto vermischen mit
- Knoblauch und geriebenem Käse
- Curry und gehackten, leicht gebräunten Mandeln
- kleingeraspeltem Gemüse
- geräucherten Tofuwürfeln
- Safran

Tip: Falls Reste übrigbleiben, können Sie daraus Reisplätzchen backen.

Reisgericht »indisch«

320 kcal / 1280 kJ

Grundrezept Naturreis, Seite 80,
1 kleine Banane, 1 kleiner Apfel,
1 EL Rosinen, Safran, Curry,
frische Ingwerwurzel,
1 TL Sonnenblumenkerne,
1 TL Sesam, kurz angeröstet.

Naturreis zubereiten, mit »Biß« garen. Banane in Scheiben, Apfel schälen und blättrig schneiden, zusammen mit den Rosinen unter den Reis mischen. Wenn nötig, etwas Apfelsaft zugeben und etwa 5–10 Minuten garen.
Mit Safran, Curry und Ingwerwurzel würzen und mit Sonnenblumenkernen und Sesam bestreuen.
Dazu paßt ein Sprossensalat.

Weizen-Käse-Auflauf

pro Portion 500 kcal / 2000 kJ
2 Portionen

100–150 g Weizen nach Grundrezept,
2 mittelgroße Zwiebeln,
20 g ungehärtete Pflanzenmargarine,
1 EL Tomatenmark,
1 Zucchini, gewürfelt,
2 mittelgroße Tomaten, in Achtel geschnitten,
1 Knoblauchzehe,
Basilikum, Meersalz, Pfeffer,
100 g Schafskäse, 5 EL Sahne.

Weizen nach Grundrezept S. 80 zubereiten.
Zwiebeln schälen, würfeln und in heißem Fett goldgelb dünsten. Tomatenmark, geschnittene Zucchini und Tomatenecken zugeben. Einige Minuten garen. Mit zerdrücktem Knoblauch und den Gewürzen abschmecken. Mit den Weizenkörnern mischen und in eine gefettete Auflaufform (oder in zwei kleinere Förmchen*) füllen. Mit Schafskäse belegen und mit Sahne begießen. (Wenn ein Teil eingefroren werden soll, dann Schafskäse und Sahne weglassen!)
Bei 200 Grad (Gas Stufe 3) ca. 40 Minuten überbacken.
Eventuell können Brötchen mitgebacken werden (Energie-Ersparnis).

* **Tip:** Das Auflaufförmchen kann komplett eingefroren werden.

Pilzpfanne mit Naturreis

280 kcal / 1120 kJ

Grundrezept Naturreis (Seite 80),
10 g ungehärtete Pflanzenmargarine,
1 Schalotte,
250 g gemischte Pilze oder Champignons,
Meersalz, Pfeffer,
2–3 EL Weißwein,
1 Knoblauchzehe,
1 Bund glatte Petersilie,
1 EL geriebener Käse.

Naturreis nach Grundrezept zubereiten. Fett erhitzen, die gewürfelte Schalotte und die geputzten und blättriggeschnittenen Pilze zugeben. Andünsten, abschmecken und mit Wein aufgießen. Ca. 10–15 Minuten schmoren.
Den Reis untermischen, mit gehackter Petersilie und Käse bestreuen.
Dazu paßt eine Tomatensauce.

Milch und Quark – süss & pikant

Milchmixgetränke und Cocktails

- Vollmilch, Kaffeepulver, Vanille und Honig
- Vollmilch und Fruchtsaftkonzentrat
- Vollmilch und Früchten
- Vollmilch, Likör, Weinbrand und Rum
- Vollmilch, Honig und Nüssen
- Vollmilch, Speiseeis und Kakaopulver
- Buttermilch, Fruchtsäften, Honig und Zitronensaft
- Buttermilch oder Dickmilch mit geraspeltem Gemüse, Pfeffer und Kräutern
- Kefir, Gurkenraspel und Knoblauch
- Dickmilch, Früchten und Nußmus

Pikante Quarkspeisen

- Quark mit Kräutern und Knoblauch
- Quark mit Hefeextrakt
- Quark mit geraspeltem Gemüse
- Quark mit Kümmel, Curry oder Paprika
- Quark mit Käse und Gewürzen

Süsse Quarkspeisen

- Quark mit Datteln und Zimt
- Quark mit Apfel und Rosinen
- Quark mit Fruchtsaftkonzentraten
- Quark mit allerlei Früchten,
- Quark mit angerösteten Nüssen und Honig
- Quark mit Ahornsirup und Kokosraspel

Tofu – die Alternative

Tofu-Bratlinge

pro Portion 170 kcal / 680 kJ
2 Portionen

150 g Tofu,
1 mittelgroße Möhre,
1 mittelgroße Zwiebel,
eventuell 1 Stück Lauch,
1 Ei, Petersilie, gehackt, 1 EL Sojasauce,
2–3 EL Vollkornsemmelbrösel,
Muskatnuß, Pfeffer,
Kokosfett zum Braten.

Tofu mit der Gabel zerdrücken. Möhre schälen, grob raspeln, Zwiebel schälen und klein würfeln.
Mit Ei, Petersilie, Sojasauce, Semmelbröseln, Muskat und Pfeffer vermengen. Mit dem Löffel ca. 6 kleine Bratlinge in heißes Pflanzenfett geben, etwas flachdrücken und von beiden Seiten goldgelb braten. Schmecken warm vorzüglich zu Gemüsegerichten.
Eine Portion kann auch kalt mit zum **Arbeitsplatz** genommen werden.

Tip: Restlichen Tofu (Packung 250 g) zu Tofu-Dessert verarbeiten.

Tofucreme pikant

140 kcal / 560 kJ

100 g Tofu, 1 TL Senf,
etwas Milch oder Gemüsebrühe,
Kräutersalz,
Knoblauch, zerdrückt,
3–5 Radieschen,
2 Schalotten.

Alle Zutaten pürieren. Schalotten und Radieschen kleinschneiden und unterrühren. Schmeckt zu neuen Kartoffeln oder zu Vollkornbrot.

Tofu-Dessert

220 kcal / 880 kJ

100 g Tofu, 1 Becher saure Sahne,
2 EL Honig oder Ahornsirup,
abgeriebene Zitronen- oder Orangenschale (unbehandelt),
Naturvanille,
1 EL grobgehackte geröstete Nüsse.

Alle Zutaten fein pürieren (mit dem Pürierstab oder Mixer), mit Nüssen bestreuen und kühl servieren.

Tofu im Sesammantel

150 g Tofu natur oder geräuchert,
1 kleines Ei,
Hefestreuwürze,
Muskatnuß, gerieben,
1 EL Weizenvollkornmehl,
2 EL Sesam,
Kokosfett für die Pfanne.

Pro Portion ca. 240 kcal / 960 kJ
2 Portionen

Tofu in Stücke oder Würfel schneiden. Ei verquirlen, mit Hefestreuwürze und Muskatnuß abschmecken. Die Tofuwürfel eintauchen, dann in Vollkornmehl und Sesam wenden. Die Panade etwas andrücken und die Tofuwürfel in heißem Kokosfett von beiden Seiten goldgelb braten.
Dazu paßt Kartoffel-Möhren-Gemüse oder Tomatenpüree.

Desserts – leicht & fruchtig

Sommerdessert mit Beeren

129 kcal / 760 kJ

1 Becher Sauermilch,
125 g Beeren,
1 TL Birnendicksaft oder Honig,
Nelkenpulver, Zitronenmelisseblätter.

Sauermilch in eine flache Schale gießen und verrühren. Die gewaschenen Beeren, Süßungsmittel und Nelkenpulver zugeben und mit Melisseblättern garnieren. Dieses Rezept eignet sich auch als Büromahlzeit.

Apfel-Zimt-Dessert

150 kcal / 600 kJ

1 mittelgroßer Apfel,
1 TL Zitronensaft,
2 EL flüssige Sahne,
1 EL Mandelstifte,
1/2 TL Zimt,
1/2 TL Vollzucker.

Apfel waschen, Kerngehäuse entfernen, mit der Schale in feine Blättchen schneiden. Mit Zitronensaft beträufeln. In eine Dessertschale legen und mit Sahne begießen. Mandelstifte, Zimt und Zucker darüberstreuen.

Gepfefferte Erdbeeren

250 kcal / 1000 kJ

250 g Erdbeeren,
schwarzer Pfeffer aus der Mühle,
1 TL Vollzucker, 3–4 EL süße Sahne.

Erdbeeren waschen, entstielen, eventuell teilen. Pfeffern und leicht zuckern. Mit Sahne übergießen.

Vanilleeis – selbstgemacht

pro Portion 290 kcal / 1160 kJ
4 Portionen

2–3 Eigelbe,
1–2 EL flüssiger Honig,
1 Stange Vanille oder 1/2 TL Vanillemark,
0,25 l Sahne (30 % Fett).

Eigelb mit Honig und Vanille cremig rühren. Sahne steifschlagen und vorsichtig unter die Schaummasse heben. Ca. eine Stunde im Gefrierschrank (oder Tiefkühlfach im Kühlschrank) anfrosten. Nochmals durchrühren. In Portionsschalen füllen und ca. 2 Stunden gefrieren lassen.

Tip: Vanilleeis schmeckt noch interessanter, wenn dazu:

- 150 g pürierte Erdbeeren
- zerlassene Edelbitter-Schokolade
- Ein reifer Pfirsich, beträufelt mit etwas Pfirsichlikör, serviert werden.

Obstsalat mit Melisse

240 kcal / 960 kJ

100 g Erdbeeren,
1 Aprikose,
1 Apfel,
Saft von 1/2 Zitrone,
1 TL Ahornsirup,
1 EL Mandelstifte,
einige Zitronenmelisseblätter.

Erdbeeren waschen, entstielen und eventuell teilen. Aprikose kurz ins kochende Wasser tauchen, enthäuten und kleinschneiden. Apfel gut waschen, Kerngehäuse entfernen und würfeln. Mit Zitronensaft beträufeln und mit Ahornsirup abschmecken. Mandelstifte darüberstreuen. Mit Melisseblättern garnieren.

Früchtequark

240 kcal / 960 kJ

125 g Magerquark,
1/2 Tasse Milch (3,5 % Fett),
ca. 100 g Früchte, der Jahreszeit entsprechend,
etwas Vanille,
eventuell Saft von 1/2 Zitrone,
1 TL Honig oder Ahornsirup,
1 TL gehackte Haselnüsse,
Sonnenblumenkerne (kurz angeröstet).

Quark mit Milch gut verrühren. Mit ganzen, halbierten oder pürierten Früchten mischen und mit Vanille, Zitronensaft und Honig abschmecken. Mit Früchten, Nüssen, Sonnenblumenkernen garnieren.

Hirseflocken-Quark-Auflauf

pro Portion 250 kcal / 1000 kJ
2 Portionen

Ca. 150 g Quark (20 % Fett),
1–2 EL Milch,
1 Ei, getrennt,
3–4 EL Hirseflocken,
1–2 EL Honig,
1 EL grobgehackte Nüsse,
1 Apfel oder 2 Aprikosen.

Quark mit Milch und Eigelb verrühren. Hirseflocken, Honig, Nüsse zugeben, ebenfalls den blättrig geschnittenen Apfel oder die Aprikosenachtel.
Den geschlagenen Eischnee locker unterziehen. Die Masse in eine gefettete Auflaufform füllen und bei 200 Grad C (Gasherd, Stufe 3) ca. 30–40 Minuten backen.
Dazu paßt als »Fruchtsauce« Aprikosen- oder Pfirsichsaft.
Der Auflauf schmeckt mit Sauerkirschen ebenfalls sehr gut.

Tip: Quarkrest fürs Frühstück oder zu pikantem Quark verwenden.

Gebackene Banane mit Ahornsirup

170 kcal / 680 kJ

1 Banane,
1 EL Weißwein,
1 TL Ahornsirup,
1 EL Mandelstifte.

Banane schälen, der Länge nach halbieren und in eine feuerfeste Form legen.
Mit Weißwein und Ahornsirup beträufeln und mit Mandelstiften bestreuen. Einen Deckel auflegen und etwa 30 Minuten bei 200–220 Grad C (Gas Stufe 3–4) im Backofen backen.

Tip: Mit Pizza oder Brötchen backen, um den Backofen richtig zu nutzen.

Bratapfel mit Nüssen

180 kcal / 720 kJ

1 mittelgroßer Apfel,
1 EL Quark,
1/2 TL Honig,
1 EL grobgehackte Nüsse oder Rosinen.

Apfel waschen und Kerngehäuse mit einem Ausstecher entfernen. Quark mit Honig, Nüssen oder Rosinen vermengen und in den Apfel füllen.
Bei 200 Grad C (Gas Stufe 3) ca. 20–30 Minuten backen. Statt Nüssen passen auch Sonnenblumenkerne oder Sesam als Füllung.

Tip: Um den Backofen auszunutzen, kann der Apfel zusammen mit Pizza, Auflauf oder Brötchen gebacken werden.

Mit Vollkorn Backen

So wird das Backen mit Vollkornmehl erfolgreich:

- Für mürbe Kuchen und Feingebäck mahlen Sie das Getreide sehr fein. Das vom Hersteller bereits gemahlene Vollkornmehl ist zu grob und muß deshalb vor dem Backen leicht ausgesiebt werden (die ausgesiebte Kleie kommt ins Müsli.)
- Vollkornteige brauchen etwas mehr Flüssigkeit (ca. 1/3) und längere Zeit zum Quellen als Weißmehlteige.
- Hefeteige sollten nach dem »Gehen« das doppelte Volumen haben.
- Beim Brot- und Brötchenbacken ein Gefäß mit Wasser in den Ofen stellen.
- Wenn Brot oder Brötchen durchgebakken sind, dann hören Sie beim »Anklopfen« ein hohles Geräusch.

Quarksemmeln

Pro Semmel 125 kcal / 500 kJ
10 Brötchen

250 g Weizenvollkornmehl,
1 TL Backpulver, 1/2 TL Meersalz,
Fenchel, Anis, zerstoßen, 1–2 EL Honig,
150 g Quark, eventuell etwas Milch,
1 Ei.

Mehl, Backpulver, Salz und Gewürze mischen. Honig, Quark, Ei und – wenn nötig – Milch mit der Hand einarbeiten, bis ein geschmeidiger Teig entsteht. Teig eventuell noch etwas quellen lassen.
Ovale Semmeln formen und auf ein gefettetes Backblech setzen. Mit lauwarmer Milch bepinseln, 20 Minuten gehen lassen und backen.

Elektroherd 200 Grad
Gasherd Stufe 3
Backzeit ca. 20–25 Minuten
Einschubhöhe 2. Sch. von unten.

Kräuterbrötchen

50 g frische Kräuter,
250 g Weizenvollkornmehl,
1 TL Backpulver, 1 TL Vollmeersalz,
1 TL Vollzucker,
150 g Quark, etwas Milch,
1 Ei, 1Eigelb zum Bestreichen.

Die Kräuter nach Wahl waschen, trocknen und kleinschneiden, leicht mit Mehl bestäuben. Den Teig wie die Quarksemmeln bereiten, die Kräuter einarbeiten. Mit Eigelb bestreichen. Weiter wie oben.

Ganzkornbrötchen

Pro Brötchen 200 kcal / 800 kJ

2–3 EL vorgekochte Körner
(Seite 80),
200 g Weizenvollkornmehl,
1/2 Päckchen Trockenhefe,
150 ml warme Milch,
2 EL kaltgepreßtes Pflanzenöl,
Zwiebel- oder Knoblauchpulver,
Meersalz, Pfeffer.

Weizenvollkornmehl mit Trockenhefe, Milch, Öl und den Gewürzen vermengen, die Körner einkneten. Den Teig ca. 30 Minuten ausquellen lassen. Dann 8 Brötchen formen und etwa 20 Minuten gehen lassen. Im vorgeheizten Backofen backen, zuvor mit warmem Wasser einpinseln.

Elektroherd 200 Grad
Gasherd Stufe 3
Backzeit 25 Minuten
Einschubhöhe 2 Sch. von unten

Tip: Reste von Trockenhefe lassen sich besser aufbewahren als Frischhefe.
Alle Vollkornbrötchen lassen sich gut einfrieren.

Resteverwertung von Brötchen:
Schneiden Sie die 2–3 Tage alten Brötchen in der Mitte durch, und geben Sie ein Gemisch aus geriebenem Käse, Kräutern und Knoblauch hinein. Dann aufbacken. Sie schmecken wieder wie frisch.

Schrotbrot mit Sauerteig

50 g Brot, 120kcal / 480 kJ
Grundrezept

400 g Weizenvollkornmehl,
250 g Roggenschrot, grob,
ca. 400 ml lauwarme Milch,
1 Würfel Hefe (42 g) oder 1 Päckchen Trockenhefe,
1 TL Honig,
1 Päckchen Sauerteig*,
2 TL Meersalz, 1 EL Brotgewürz*,
Zum Bestreichen: Milch oder Wasser,
Zum Bestreuen: Sesam oder Mohn.

Mehl und Schrot in eine Schüssel geben und in die Mitte eine Mulde drücken. Einen Teil der lauwarmen Milch mit Hefe und Honig verrühren und in die Mulde geben. Ca. 15 Minuten zugedeckt gehen lassen. Dann die restliche Milch, den Sauerteig und Meersalz zugeben und alles miteinander vermischen. Bei der Verwendung von Trockenhefe alle Zutaten auf einmal miteinander vermengen. Mit der Hand oder der elektrischen Küchenmaschine gut durchkneten. Zu zwei größeren Brötchen und zwei Broten formen und ca. 30 Minuten gehen lassen. Mit Milch oder Wasser bestreichen und mit Sesam oder Mohn bestreuen. Im vorgeheizten Backofen backen. Eine Tasse Wasser mit in den Backofen stellen.

Elektroherd 220 Grad
Gasherd Stufe 4
Backzeit 50 bis 60 Minuten
Einschubhöhe 2. Sch. von unten

* Sauerteig und Brotgewürz sind im Reformhaus erhältlich.

Die zwei größeren Brötchen sind für eine Mahlzeit gedacht. Ein Brot kann im Steintopf ca. eine Woche aufbewahrt, und das zweite Brot sollte eingefroren werden.

Tip: Dieses **Grundrezept** kann je nach Geschmack mit
- o Anis, Fenchel, Kümmel,
- o Koriander, Knoblauch u. a.

gewürzt werden.
Zum Bestreuen eignen sich u. a.:
- o Vollkornflocken, grober Schrot,
- o geschälte Sonnenblumenkerne.

Weizen-Sesam-Brot

40 g Brot, 130 kcal / 520 kJ

600 g Weizenschrot (1/2 sehr fein, 1/2 grob),
ca. 300 ml Buttermilch,
1 Päckchen Trockenhefe, 1 TL Honig,
1–2 TL Meersalz, 3 EL Sesam.

Schrot in eine Schüssel geben, Trockenhefe, die lauwarme Milch, Honig, Salz und einen Teil des Sesams unterrühren. Den Teig ca. 40 Minuten quellen lassen. Durchkneten und drei kleine Brote formen. Nochmals gehen lassen. Mit dem restlichen Sesam bestreuen. Mit Wasser bestreichen und im vorgeheizten Backofen backen.
Ein Brot hält sich ca. eine Woche, die restlichen Brote sollten eingefroren werden.

Elektroherd 200–220 Grad
Gasherd Stufe 3–4
Backzeit ca. 40 Minuten
Einschubhöhe 2. Sch. von unten

Tip: Auf Vorrat backen!

Pizza

Pro Portion: 390 kcal / 1560 kJ
2 Portionen

Quark-Öl-Teig:

150 g Magerquark, 3 EL Milch,
5 EL kaltgepreßtes Sonnenblumenöl, 1 Ei,
1 Päckchen Weinsteinbackpulver,
1 TL Meersalz,
360 g Weizenvollkornmehl, fein gemahlen.

Quark mit Milch, Öl, Ei, Backpulver, Salz und Weizenmehl verrühren und verkneten. (Der Teig soll weich sein, aber nicht kleben.)
Für den Pizzaboden $1/4$ des Teiges ausrollen, den Rest in 3 Portionen einfrieren.

Belag:

2 EL Tomatenmark,
1 TL Olivenöl,
1 Knoblauchzehe,
Kräuter der Provence, Meersalz,
2 Tomaten, 1 kleine Zwiebel,
eventuell 5–6 Pilze (wenn vorhanden),
30 g geriebener Käse, einige Oliven.

Tomatenmark mit Olivenöl, zerdrücktem Knoblauch und allen Gewürzen mischen. Den Teig damit bestreichen.
Tomaten in dünne Scheiben schneiden, ebenfalls die geschälte Zwiebel und die Pilze. Gleichmäßig auf dem Teig verteilen. Nochmals würzen und mit Käse bestreuen. Mit Oliven belegen.
Im vorgeheizten Backofen überbacken.

Elektroherd 200 Grad
Gasherd Stufe 3
Backzeit ca. 20 Minuten
Einschubhöhe 2. Sch. von unten

Tip: Den restlichen Quark (Packung 250 g) zu pikantem Quark verarbeiten.

Variante:
Dieser Teig kann auch mit Lauch, Zwiebeln, Spinat und anderen Gemüsesorten belegt werden.
Statt Käse kann auch Ei mit etwas Sahne verquirlt darüber verteilt werden.

Tip: Quark-Öl-Teig ohne Salz eignet sich als **Grundlage** für **Obstkuchen.**

Grundrezept für Vollkornbiskuit

Pro Stück mit Fülle: 260 kcal / 1040 kJ
12–16 Stücke

4 Eier, 2–3 EL Honig,
3 EL kaltes Wasser,
180 g Weizenvollkornmehl, fein gemahlen,
50 g gemahlene Nüsse,
$1/2$ TL Backpulver.

Eier vorsichtig trennen, damit kein Eigelb zum Eiklar kommt! Aus Eigelb, Honig und Wasser eine Schaummasse rühren. Weizenmehl, Nüsse und Backpulver zugeben, ebenfalls das steifgeschlagene Eiklar. Alles vorsichtig miteinander mischen.
Den Teig in eine mit Backpapier ausgelegte Form oder auf ein Backblech streichen. Im vorgeheizten Backofen ca. 25 Minuten (Form) bzw. 15–20 Minuten (Blech) backen. Sofort das Papier ablösen und – falls eine Biskuitrolle entstehen soll – in ein leicht angefeuchtetes Tuch rollen.

Elektroherd 180 Grad
Gasherd Stufe 2
Backzeit ca. 15–20 Minuten
Einschubhöhe 2. Sch. von unten

Der Teig reicht aus, um eine Torte (mit zwei Böden) oder eine Biskuitrolle herzustellen.

Tip: Der Biskuit kann auch mit 180–200 g Buchweizenmehl zubereitet werden.

Für den kleinen Haushalt können sowohl 1 1/2 Böden (vorher auseinanderschneiden) oder 3/4 der Rolle eingefroren werden. Aus dem Rest erhalten Sie dann 2 bis 3 Stücke.

Fülle Himbeersahne:

Jeweils für 1/4 des Rezeptes:

100 ml Sahne,

125 Himbeeren, 1 TL Honig, Vanille.

Sahne steifschlagen, mit Himbeeren, Honig und Vanille mischen. Auf 1/4 des Bodens streichen und mit dem anderen Viertel abdecken.

Fülle Bananensahne:

100 ml Sahne, 1 kleine Banane, zerdrückt,

1 TL Honig oder Ahornsirup,

1/2 TL Zitronensaft.

Zubereitung wie Himbeersahne.

Möhrentorte und Nusskuchen

Pro Stück: 250 kcal / 1000 kJ

Insgesamt 12–16 Stücke

4–5 Eier, 150 g Honig,

je 1 Messerspitze Nelken und Zimt,

2 EL Kirschwasser.

Eier trennen. Eigelb und Honig schaumig rühren. Nelken, Zimt und Kirschwasser zugeben. Die Masse trennen.

Für Möhrentorte (6–8 Stücke)

150 g Möhren,

100 g Nüsse, gemahlen,

2 EL Weizenvollkornmehl, fein gemahlen,

abgeriebene Zitronenschale,

1 Messerspitze Backpulver.

Für Nußkuchen (6–8 Stücke)

150 g Nüsse, gemahlen,

2 EL Quark,

1 TL Kakao,

2–3 EL Weizenvollkornmehl, fein gemahlen,

1 Messerspitze Backpulver.

Die jeweils angegebenen Zutaten zugeben und gut vermengen, jeweils die Hälfte des steifgeschlagenen Eiklars zugeben. Die Möhrentorte in einer kleinen Springform (15–18 cm Durchmesser), den Nußkuchen in einer kleinen (oder abgeteilten) Kastenform backen. Gemeinsam im vorgeheizten Backofen backen.

Elektroherd 200 Grad
Gasherd Stufe 3
Backzeit ca. 40 Minuten
Einschubhöhe 2. Sch. von unten

Obsttörtchen

Pro Törtchen 240 kcal / 960 kJ
8 Törtchen

Teig:

220 g Weizenvollkornmehl,
1 TL Weinsteinbackpulver,
1 Ei, 1 Eigelb,
1 Prise Salz, 5–6 EL Honig,
100 g kalte Butter.

Belag:

gemischte Früchte, nach Saison,
1 Tasse Erdbeersaft oder anderer Saft,
1/2 TL Agar-Agar oder anderes pflanzliches Bindemittel,
2 EL Mandelsplitter.

Mehl mit Backpulver vermischen und auf ein Backbrett geben, in die Mitte eine Mulde drücken. Ei, Salz und Honig in die Vertiefung geben; auf dem Rand die Butterflöckchen verteilen. Alles schnell zu einem geschmeidigen Teig verarbeiten (sollte der Teig kleben, noch einige Zeit stehenlassen).
Den Teig auswellen 8 kleine Förmchen damit belegen und ohne Belag im vorgeheizten Backofen backen. Teig auskühlen lassen.

Elektroherd 200 Grad
Gasherd Stufe 3
Backzeit ca. 15–20 Minuten
Einschubhöhe 2 Sch. von unten

Die Früchte waschen (entstielen wenn nötig) blättrigschneiden und die oder das Törtchen belegen. Erdbeersaft (oder ähnliches) nach Gebrauchsanweisung mit pflanzlichem Bindemittel verrühren und vorsichtig auf den Früchten verteilen.
Mit Mandelsplittern garnieren.

Statt Glasur kann auch einfach nur Schlagsahne aufgestrichen werden.

Tip: Die Törtchen lassen sich (ohne Belag) gut einfrieren.

Feine Nußplätzchen

Pro Stück 65 kcal / 260 kJ
30 Stück

250 g Weizenvollkornmehl,
1 TL Weinsteinbackpulver,
4 EL Honig, 1 Ei,
Naturvanille,
100 g ungehärtete Pflanzenmargarine,
250 g gemahlene Haselnüsse,
eventuell etwas Milch,
Milch zum Bestreichen,
ca. 30 g Haselnüsse zum Verzieren.

Weizenmehl mit Backpulver vermischt auf ein Backbrett geben, in die Mitte eine Mulde drücken.
Die übrigen Zutaten zugeben und alles zu einem glatten Teig verarbeiten. Etwa eine Stunde stehenlassen. Den Teig nach und nach auswellen und Plätzchen ausstechen. Mit Milch bestreichen und mit je einer Haselnuß garnieren.
Im vorgeheizten Backofen backen.

Elektroherd 200 Grad
Gasherd Stufe 3
Backzeit ca. 10–15 Minuten
Einschubhöhe 2. Sch. von unten

Tip: Auch als Weihnachtsgebäck geeignet!

Obsttörtchen mit Erdbeeren, Johannisbeeren, Brombeeren – großer Genuß mit kleinen Portionen! ▷

Teegebäck – schnell zubereitet

Pro Stück 45 kcal / 180 kJ
25 Stück

3 Eier, 2 EL Honig,
abgeriebene Orangenschale,
100–125 g Weizenvollkornmehl,
Naturvanille,
1/2 gestrichener TL Weinsteinbackpulver.

Eier mit Honig schaumig rühren. Orangenschale, Mehl, Vanille und Backpulver zugeben und unterheben.
Mit einem Teelöffel kleine Häufchen auf ein mit Backpapier ausgelegtes Backblech setzen, backen.

Elektroherd 190–200 Grad
Gasherd Stufe 2–3
Backzeit ca. 10–15 Minuten
Einschubhöhe 2. Sch. von unten

Tip: Ein Rezept für Eilige!

Käsegebäck

Pro Stück 60 kcal / 240 kJ
ca. 35 Stück

175 g Weizenvollkornmehl,
2 Eier,
ca. 150 g geriebener Käse (Emmentaler, 45% Fett i. Tr.),
60–80 g Butter,
1 Eigelb zum Bestreichen,
Mohn, Kümmel, Sesam,
geriebener Käse o. ä. zum Bestreuen.

Mehl, Eier, Käse und Butter zu einem Knetteig verarbeiten und eine halbe Stunde im Kühlschrank aufbewahren. Auswellen und in ca. 2–5 cm breite Streifen schneiden. Mit Eigelb bestreichen und mit Mohn, Sesam oder ähnlichem bestreuen.

Elektroherd 200 Grad
Gasherd Stufe 3
Backzeit ca. 10 Minuten
Einschubhöhe 2. Sch. von unten

Aufbewahrung von Gebäck

- Während Kuchen im Kühlschrank aufbewahrt werden kann, gilt dies für Brot und Brötchen nur in sehr schwüler Jahreszeit.
- Ein günstiger Aufbewahrungsort ist ein Spezialsteintopf, ein Brotkasten oder alternativ der Backofen.
- Brote und Brötchen mit höherem Feuchtigkeitsgehalt, beispielsweise aus Roggen hergestellt, halten sich länger frisch.
- Schimmel entsteht leicht bei feuchter Wärme und unter Luftabschluß – kontrollieren Sie deshalb nach einigen Tagen Ihr gekauftes und eingepacktes Brot.
- Essen Sie kein verschimmeltes Brot! Auch wenn nur kleine Flächen befallen sind, sollten Sie es (auch wenn es Ihnen leid tut) wegwerfen. Schimmelpilze am Brot (auch an Nüssen) können giftig sein!

Käsegebäck – selbst gebacken ▷
schmeckt's am besten.

Rezepte von A bis Z

Hochwertige Lebensmittel aus dem Reformhaus

Bio-Getreidekörner und daraus hergestellte Produkte

Vollkornteigwaren

Nüsse und Trockenfrüchte von ausgesuchter Qualität

vegetabile Pasteten in verschiedenen Geschmacksrichtungen

Spezialsauermilch, Sanoghurt und andere Milchprodukte mit überwiegend rechtsdrehender Milchsäure

Hefeprodukte

kaltgepreßte, unraffinierte Pflanzenöle, ungehärtete Pflanzenmargarine

Vollmeersalz, Gewürze

Honig und andere natürliche Süßungsmittel

Sojaprodukte, Tofu

keimfähige Samen mit Keimboxen

Naturarzneimittel und diätetische Lebensmittel

Bezugsquellen

Getreidemühlen

Hawo's Kornmühlen GmbH
Ober-Eschbacher-Straße 37
61352 Bad Homburg

Jupiter GmbH
Wiesenstraße 3
73614 Schorndorf

Messerschmidt Hausgeräte GmbH
August-Heisler-Weg 6
78126 Königsfeld

Informationsblätter und Gesundheitstips

ReformhausKURIER
Waldstraße 6
61440 Oberursel

AID – Auswertung und Informations-Dienst für Ernährung, Landwirtschaft und Forsten e.V.
Friedrich-Ebert-Str. 3
53177 Bonn

Vita Sana Verlag AG
Postfach 21
CH-6932 Breganzona

Wenn Sie sich weiter mit gesunder Lebensführung beschäftigen möchten, empfehlen wir Ihnen **Seminare für gesundes Leben** u. a. mit den Themen:

- »Kulinarische Vollwertküche«
- »Selbstmedikation mit Naturarzneien«
- »Atmung, Entspannung, Meditation«
- »Ganzheitskosmetik«
- »Kräuterwanderung«
- »Gesunder Urlaub« u.v.m.

Informationen

Reformhaus-Fach-Akademie
Gotische Straße 15
61444 Oberursel/Taunus
Telefon (061 72) 3009-822

Impressum

Fotos: Edith Gerlach, Frankfurt (20, 23, 30, 32, 37, 40, 44, 47, 62, 67, 69, 73, 79, 80, 83, 85, 94, 97, 101, 103, 104). neuform-Kochstudio (27, 33, 39, 46, 50, 74, 76, 90, 92, 94). Bruno Hausch, München (19, 36, 42, 65, 79). Ulrich Kopp, Füssen (6, 12, 28, 53, 54, 86). Studio L'Eveque, München (4). Kurt Sattelberger, Füssen (88 – aus »MilchMixDrinks« im selben Verlag).

3. Auflage (aktualisierte Neuauflage des bisherigen Titels »Vollwertküche für 1 Person«)

ISBN 3-7750-0322-3

Layout und Einbandentwurf (nach einem Foto von Edith Gerlach): Monika Graff.
Satz: IBV Satz- und Datentechnik GmbH, Berlin.
Druck: Neue Stalling, Oldenburg.
Printed in Germany 1999.

Vitale Küche – Natürliche Gesundheit

Weitere Bücher von Marlis Weber: Kompetente Hilfe, gute Tips und frische Rezepte.

Vegetarisch Vital
106 leckere Rezepte, die den Süden in die Küche zaubern und Vitalstoffe erhalten.
79 Seiten, 36 Farbfotos
ISBN 3-7750-0274-X

Lebensmittelallergien
Erkennen und behandeln durch gezielte Ernährung. Ursachen, Suchkost und Küchenpraxis.
135 S., Fotos u. Tabellen
ISBN 3-7750-0199-9

Vollkornbackbuch
Rezepte für Brote, Brötchen, pikante und süße Kuchen, Kleinbackwerk und Weihnachtsgebäck.
86 Seiten, 38 Farbfotos
ISBN 3-7750-0242-1

Bücher für Fitness und Gesundheit mit Rezepten zum Genießen!

Idealgewicht durch Vitalstoffe
Das leckere Konzept für eine gesunde Ernährung ohne Hunger-Diät.
142 Seiten, 46 Farbfotos
ISBN 3-7750-0308-8

Trennkost auf Taille
Millionenfach bewährt: Neue abwechslungsreiche Rezeptideen für jeden.
71 Seiten, 17 Farbfotos
ISBN 3-7750-0298-7

Drinks Vitale Alkoholfrei genießen
Alles mit frischem Obst u. Gemüse in einem außergewöhnlichen Buch.
129 S., 130 Farbfotos
ISBN 3-7750-0240-5

Noch mehr Bücher zum Thema Genuß und Gesundheit:

Vegetarische Küche
(bisher erschienen): Indien, China, Korea

Ernährung und Diät
Krebshilfe, Rheumadiät, Bluthochdruck-Diät

Hilfe mit Naturmedizin
Migräne, Arthrosen, Rückenschmerzen uvm.

Hädecke Verlag, Postfach 1203, 71256 Weil der Stadt
Der Verlag mit den besonderen Büchern!